Este es un libro real, sin~~o~~
Cuando un líder como
para compartirnos sus e~~~~, ~~~~ éxitos y sus errores, el
resultado es un manual obligatorio para el liderazgo. El reto
mayor de la Iglesia latinoamericana es desarrollar líderes que
alcancen mayores niveles que la generación anterior. En este
libro, encontré muchísimos detalles, consejos y aclaraciones
de cómo expandir mi liderazgo.

Gracias, pastor Esteban, por participarnos de tantas vivencias que todo líder visionario necesita conocer.

—Pastor Frank López
Doral Jesus Worship Center

El testimonio del pastor Esteban Fernández es una historia de
amor como no hay otra igual. En efecto, pone de manifiesto
el amor divino que se hace realidad de forma extraordinaria y
grata en la existencia de un joven periodista en su andar por
lugares como Argentina, México y EE. UU. Esta obra revela
los eventos que marcaron la vida del que posteriormente se
convirtió en el presidente de Bíblica para América Latina e in-
cluye sus reflexiones teológicas fundamentadas en esas singu-
lares experiencias.

Recomiendo la lectura de este libro, pues pone de relieve el
buen testimonio de un ministro del Evangelio que decidió escuchar la voz celestial y proyectarse al porvenir con seguridad
y esperanza.

—Dr. Samuel Pagán
Decano de Programas Hispanos
Centro de Estudios Bíblicos en Jerusalén

El designio de Dios para la vida de cada uno de nosotros
está trazado a pesar de nuestro trasfondo familiar, del país
donde nacimos y de todos aquellos factores que han permeado

quienes somos. Esteban Fernández plasma perfectamente esta idea al contarnos su caminar con Dios entrelazada con principios de liderazgo.

Quizás, Esteban no se ha dado cuenta de que ha sido clave importante en lo que Dios ha hecho en los últimos años en América Latina. Es una "joya prestada", como dice él, para la Iglesia.

Cualquier persona que aspira a seguir a Jesús y ser usada por Él, será inspirada por las palabras de Esteban Fernández en este libro.

—PASTOR ÉDGAR LIRA
IGLESIA LIVE LAS VEGAS, NEVADA

Una fenomenal narración biográfica convertida en una herramienta indispensable para todos aquellos que desean tener una relación viva con los principios de un liderazgo relevante y de una vida cristiana de excelencia.

Este libro nos invita a una jornada a través de un Antiguo y Nuevo Testamento personales, de la mano de Esteban, un líder transcultural e hipermoderno, y su familia.

El autor nos presenta muchos de sus sueños, frustraciones y experiencias de milagros de una manera que nos hace reflexionar, reír, llorar, orar y agradecer a Dios por dejarse escuchar en las páginas de esta obra.

Los convido a hacer este viaje singular a través de un texto que es como un sabio viajero que va adelante del lector dejando huellas, todo un compendio de sabiduría, en las cuales se puede encontrar un potencial transformador que lleva al aprendizaje, al crecimiento y a un profundo desarrollo rumbo al éxito.

—LIC. JESIEL PAULINO
PASTOR, MISIONERO Y FUNDADOR DE "LA TRIBU"
DE FLORIANÓPOLIS

Este es un libro diferente. Esteban Fernández, ¡y claro que también Patricia Miino, su esposa!, te abren las puertas de su casa para tomar algo juntos, al tiempo que te invitan a dar un paseo por la vida, que, conociéndolos a ellos, significa dar un paseo por la Biblia, y todo para conocer un poco mejor al Señor. Para cuando termines de leer, te darás cuenta de que has ganado dos nuevos amigos.

—Jaime Fernández Garrido
Pastor, pedagogo, escritor y compositor

Esteban aborda temas de liderazgo sumamente importantes de una forma sencilla, aplicada y práctica. Una vez que empiezas a leer, no quieres parar. Cada historia tiene valiosas lecciones que, de manera muy ingeniosa, están envueltas en esta biografía, que es muy diferente a otras que he podido leer. No cualquier líder habla tan franca y claramente y nos abre su vida privada como lo ha hecho Esteban. La experiencia que posee, tanto en áreas comerciales y empresariales, como en el ministerio y la Iglesia, le da una perspectiva muy amplia a la hora de comunicar su mensaje y equipar al líder. Sin duda alguna, este libro ayudará a expandir el horizonte del lector, pondrá en sus manos herramientas útiles para su carrera y enriquecerá su vida personal, profesional y ministerial como lo ha hecho conmigo.

—Steve Cordón
Director de Adoración 24/7 y VP de
Comunicadores USA

Los mejores líderes aprenden a ser el número uno, el número dos, tres o cuatro según la causa lo demande y ese es el gran ejemplo de Esteban Fernández. Su arduo trabajo ha sido un trampolín para que muchos podamos saltar hasta alturas que hubiera sido mucho más difícil alcanzar sin su ayuda. Con mucho entusiasmo, recomiendo este libro a aquellos que no están dispuestos a vender su eficacia por un plato de aplausos. La historia de Esteban demuestra, con claridad arrolladora, que no hay vida mejor vivida que aquella que se entrega a los planes de Dios. Estas páginas inspiran a soñar y sacrificar en grande y, sobre todo, a confiar en un Dios enorme.

—Dr. Lucas Leys
Pastor, conferencista y escritor

Cada cual decide de quién aprende a vivir. En la actualidad, las muchas palabras ya no impresionan. Esta generación desea ver ejemplos de existencias no perfectas, pero con sustancia, que inspiren a amar, creer, soñar, pero sobre todo, que nos demuestren que sí vale el esfuerzo de conducirnos por los valores que están dentro de nosotros y que profesamos y seguimos. Cuando descubres resultados de vidas que gritan a los cuatro vientos: "Treinta y seis años felizmente casados", te llena de esperanza. Cuando ves que un par de tórtolos todavía recuerda y acentúa que su hermosa historia de amor comenzó cuando uno tenía 19 años de edad y el otro 18, te hace saber que el verdadero amor no solo se ve en las películas, sino que es real y está en frente de nuestros ojos. Pero además, hablamos de personas con un corazón lleno de humildad para nunca olvidar de dónde salieron y cómo comenzó todo. ¿Saben lo que más me impresiona? Leer a un sabio que no se avergüenza de acreditar a Dios como el responsable de todos sus logros y de cada escalón de su vida. Esteban y Patricia, gracias por inspirarme a escribir estas líneas. Gracias por regalarnos la historia de sus vidas como un ejemplo a seguir para estas nuevas generaciones. Gracias por honrar a Dios de la manera tan especial como lo hacen en este libro. Al leer esta obra, ustedes se han vuelto parte de los ejemplos de vida de los que quiero seguir aprendiendo junto a mi amada esposa y a mis hermosos hijos.

—Daniel Calveti
Pastor, compositor y cantante

Cuando comencé a leer este libro, casi de inmediato, pensé: "Esto hay que disfrutarlo". Cada una de las historias está amarrada a una enseñanza y, a medida que fui avanzando en la lectura, sentí que estas no solo se manifestaban a través de lo que mis ojos leían, sino que brotaban desde mi corazón, reavivando principios y convicciones que ahora son parte de mi propio ser.

En estos últimos ochos años, Esteban ha sido mi amigo, mi mentor, y he recibido de él todo lo que se puede esperar de un verdadero líder, siempre comprometido en hacer la voluntad de Dios. Fueron muchos los momentos de conversaciones que compartimos y, de todos ellos, salí edificado.

Este libro lo muestra tal cual: un hombre sin dobleces, confiable, directo, generoso y con una capacidad de síntesis digna de admirar, pero sobre todo, como un hombre de Dios. Además, Esteban cumple el principio fundamental del liderazgo: ayudar a crecer a todos los que están alrededor. Mi amigo y mentor se deja conocer desde lo más íntimo, lo cual, estoy seguro, servirá de crecimiento para todos aquellos que lo lean, recibiendo el mensaje de esperanza de que todo lo que Dios permite en la vida de sus hijos sirve para bien.

—Rubén Quevedo
Visionario y fundador del Ministerio THON!
(The Holy One Now!)

El reverendo Esteban Fernández es un verdadero hombre de Dios. Es un mentor dedicado al crecimiento de las personas que están bajo su cuidado. Me enseñó la importancia de sembrar, y sembrar sin esperar nada a cambio. Su sabiduría no tiene límites y siempre está atento al llamado de sus ovejas. Podría decir, sin temor a equivocarme, que Esteban vive una vida con mentalidad de reino y que todo lo que hace tiene únicamente el propósito de exaltar el Reino de Dios. Su testimonio seguramente te inspirará como lo hizo conmigo. ¡Este es un hombre digno de imitar!

—Lic. Gustavo Barrero
Pastor de la Iglesia Casa Sobre la Roca,
Orlando, Florida, y gerente de Lidervisión

El pastor Esteban Fernández siempre ha sido un mentor para mí y, sin duda, es una de las más grandes autoridades de nuestro tiempo en el tema del liderazgo. Leer su libro fue como sentarme con él durante largas horas y días a aprender de su experiencia y ser enriquecido con sus vivencias personales. Este libro será algo que jamás olvidarás.

—Lic. Pedro Felipe Villegas
Pastor de Full Life Ministry Christian Church,
Miami, Florida

Cuando me enteré que el Dr. Esteban Fernández había escrito *Biografía no autorizada de un líder,* y que era su primer libro, no pude menos que levantarme una pregunta: "¿Cómo puede ser que un hombre que valora tanto la importancia de la palabra escrita, con la enorme capacidad, el profundo conocimiento bíblico y la experiencia de tantos años en el ministerio cristiano, como Esteban, no haya escrito nunca antes un libro?". Inmediatamente me dije: "No puedo perderme este libro, porque es más que evidente, la seriedad del autor y sobre todo, que ahora Dios le ha dado una palabra que todos los líderes del continente tenemos que leer". Cuando empecé a leerlo y vi que se trataba de lecciones que no nacieron de un escritorio y una teoría desencarnada, sino que son el fruto de años en el ministerio pastoral y en el liderazgo más destacado de nuestra obra, mi entusiasmo por adentrarme en su lectura creció y no pude parar hasta terminar de leerlo. Y ahora, al escribir estas líneas, siento la obligación de recomendar a todos los líderes de América Latina que no dejen de leer, subrayar y aplicar las enseñanzas tan pertinentes que seguramente nos conducirán a un nuevo nivel de liderazgo sano y efectivo.

—CARLOS MRAIDA
PASTOR PRINCIPAL IGLESIA DEL CENTRO, BUENOS AIRES
COORDINADOR CONSEJO DE PASTORES DE BUENOS AIRES
MESA DIRECTIVA DE ARGENTINA ORAMOS POR VOS

BIOGRAFÍA

NO AUTORIZADA

DE UN LÍDER

ESTEBAN FERNÁNDEZ

CASA
CREACIÓN

Biografía no autorizada de un líder por Esteban Fernández
Publicado por Casa Creación
Una compañía de Charisma Media
600 Rinehart Road
Lake Mary, Florida 32746
www.casacreacion.com

A menos que se indique lo contrario el texto bíblico ha sido tomado de la Nueva Biblia al Día (The New Living Bible, Spanish) Copyright © 2006, 2008 by Bíblica, Inc.® Usada con permiso. Todos los derechos reservados mundialmente.

Edición por: Pedro Lancheros (www.peterboat.co)
Corrección por: M. Alessandra De Franco A.
Concepto de portada: Vertical-Link
Diseño de portada por: Vincent Pirozzi
Director de Diseño: Justin Evans

Library of Congress Control Number: 2016935649
ISBN: 978-1-62998-992-1
E-Book ISBN: 978-1-62998-997-6

Impreso en Estados Unidos de América
16 17 18 19 20 * 6 5 4 3 2 1

Dedicatoria

*"Que vivas para ver a los hijos de tus
hijos. ¡Que haya paz en Israel!"*.
—SALMO 128:6

Para mis hermosas princesas, Kiara, Emma, Zoe
Victoria, Mia, Zara y Camila Bela, y para mi
guerrero y guardián (de ellas), Tomás Agustín.

Contenido

INTRODUCCIÓN
DEL BIÓGRAFO

ENCONTRAR TANTOS CALIFICATIVOS buenos sobre una misma persona sin quedarnos cortos es difícil, salvo que conozcas a alguien como el pastor Esteban Fernández. Podría extenderme y, aún, necesitaría espacio y tiempo para mencionar sus logros, reconocimientos, enseñanzas y motivaciones.

En sus diferentes roles de siervo, líder, hijo, hermano, esposo, padre, subalterno, jefe, discípulo, maestro, pastor, amigo, consejero, mentor, conferencista y autor solo existe integridad, don de gentes, carisma, paciencia, inteligencia, pasión, perseverancia, fe, profesionalismo. Esto se percibe cuando se tiene la oportunidad de conversar con él sin tener que pensar en lapso alguno.

Entre todos los sustantivos que lo acompañan, yo destacaría su permanente generosidad como una característica predominante, algo que se empieza a notar cuando comparte su tiempo sin discriminación de ningún tipo, solo buscando que su interlocutor reciba de él más enseñanzas y valores de vida de los que tenía antes de conocerlo. Siempre tiene algo para aportar a todos y su nobleza es un plus que trasciende y obliga a imitarlo y ser como él, un buen hijo de Dios que cumple la "Gran Comisión" 24/7.

Gracias a Dios, sale a la luz este libro, en donde podrás ver la vida y obra de una persona común y corriente que se dejó usar por el Todopoderoso para afectar y transformar vidas en la forma debida. Encontrarás un texto sencillo, simple, pero profundo y muy edificante, que describe al pastor Esteban tal y como es él. Conocerás su vida, sus enseñanzas sobre liderazgo y el cumplimiento de los propósitos de vida del Señor para nosotros. Seguramente te enriquecerán mucho.

Te invito a que te sientes y disfrutes de una buena taza de café para deleitarte de principio a fin con sus consejos y enseñanzas. Ciertamente, al final tendrás la sensación de que el autor está junto a ti ayudándote a mejorar en muchos aspectos de tu vida.

Si Dios lo tuviera que presentar, no dudo en pensar que diría algo como: "Esteban, un siervo obediente, bueno, fiel y, desde siempre y por siempre, mi hijo amado".

—PEDRO LANCHEROS
CONFERENCISTA Y EMPRESARIO

PRÓLOGO

EL 25 DE diciembre de 2010, una mujer de 42 años de Gran
Bretaña publicó una nota suicida en una conocida red social.
La nota era un grito desesperado de auxilio. Aunque en su
lista de contactos tenía más de mil "amigos", ninguno de ellos
fue a ayudarla. La policía encontró su cuerpo un día después.
Había muerto de una sobredosis.

La tecnología moderna nos permite hacer cientos o hasta
miles de "amigos" en las redes sociales. Basta con añadir sus
nombres a nuestra lista de contactos. Y cuando queremos
terminar con alguna de esas "amistades", simplemente la
borramos de la lista. Sin embargo, el lamentable incidente
mencionado en la introducción pone de relieve una cruda realidad: pocas personas tienen amigos de verdad.

En mi caso, siempre he pensado que la palabra "amigo"
ha sido subestimada con el pasar de los años. A los míos, yo
puedo contarlos con los dedos de una mano y hasta me sobran
dedos. Entre ellos, está el autor de *Biografía no autorizada de
un líder*, este maravilloso libro que tienes entre tus manos.

Cuando su autor me pidió que escribiera el prólogo, me
vi en la enorme disyuntiva de reconocer que no soy escritor y que nunca había escrito un prólogo para nadie, pero
lo cierto es que tenía una deuda de honor con uno de esos
amigos de verdad, acaso el único que supo estar en los momentos más difíciles de mi vida, incondicional, alcanzable y
humano. A Esteban es imposible clasificarlo en una sola eti-
queta, quizá, porque es de esos amigos a la antigua, de los
que ya no abundan, de aquellos a los que podrías confesarles

cualquier cosa y, aun así, sabrías que sigue siendo tu amigo incondicional.

Por eso es que tengo el enorme agrado de presentar esta obra maestra, cuyo autor no solo es un gran periodista y profesional, sino que es ese amigo que llegó a mi vida como un faro en medio de la tempestad. Si bien es obvio que mi apreciación no es objetiva debido al enorme afecto que siento por Esteban, considero importante confesar mi preferencia por este libro.

Más allá de la redacción amena y de que el autor conoce los llanos de la prosa y de que sabe transitar con comodidad en las cascadas de un buen manuscrito, debo agregar que a este proyecto se le suma un exquisito trabajo periodístico, donde queda expuesta una gran dedicación investigativa. Es notable la sencillez con la que se explican acontecimientos muy complejos que nos permiten a los lectores sin conocimientos específicos del tema comprender sin mayores dificultades el tópico elegido. Estoy convencido que este libro será material de cabecera a la hora de hablar de liderazgo.

"Lo natural es que las personas siempre crezcan. Nunca trates de encerrar a tu gente en una botella y pongas la tapa en ella porque el que irá para afuera serás tú. La gente va a seguir creciendo y te va a expulsar, no lo dudes. Pero si eres una escalera, tú vas a ir subiendo escalón por escalón, y subirás y, al subir, la gente va a crecer. Estarás creando espacios para que crezcan los que vienen detrás de ti. Y una persona que sabe honrar y respetar la autoridad...crecerá. Y como es un ciclo en movimiento, no importa en qué escalón estás en la escalera o quién se encuentra más alto que tú. El que suba te dará la mano y te ayudará a subir. Y ese siempre será reconocido como el mentor que supo dar la mano", dice auténticamente Esteban en este libro a modo de ejemplo. Y me adhiero totalmente a esas palabras, ya que, posiblemente, lo pintan de cuerpo entero. Esteban es el hombre más generoso y dador que jamás haya conocido y su paso por la industria editorial dejará una huella imposible de borrar y difícil de imitar.

Tanto él, como su esposa, Patricia, son dos baluartes que dudo que el Cuerpo de Cristo haya sabido apreciar verdaderamente hasta el día en que ya no estén aquí. Son esos regalos que en ocasiones el Señor decide darle a su Iglesia y que muy pocos corazones con paladar de *gourmet* saben apreciar.

Alguien me dijo alguna vez que puedes ir a un concierto y tener lo que se conoce como "el gozo del oyente". Pagar tu boleto, sentarte en la butaca y disfrutar del talento del artista. Sin embargo, podrías tener el síndrome de querer tener "el gozo del artista", es decir, pagar el mismo boleto, sentarte en la misma butaca, pero en vez de disfrutar del talento del artista, frustrarte porque ambicionas su lugar: quisieras ser tú al que aplauden y celebran. Esto, llevado al plano espiritual, es un cuadro devastador. Cuando una persona ambiciona estar en el lugar de su líder, comienzan a anidarse los celos, las envidias solapadas y los asuntos internos no resueltos, esos eternos problemas subterráneos que tan mal le han hecho a la Iglesia de Jesucristo.

Esteban es de esos hombres que tienen el "gozo del oyente". Si te va bien, él celebra contigo. Si te va mejor, se alegra aún más que tú mismo. Y si fracasas, llora a tu lado y te ayuda a volver a intentarlo. Creo que esta sola cualidad lo califica para escribir este valioso libro que deberías leer más de una vez.

No te confundas, *Biografía no autorizada de un líder* no es un libro de catálogo, de esos que se escriben por un mero compromiso editorial. Es "EL" libro que necesitabas leer, en el cual su autor abre su corazón de manera descarnada y te muestra sus errores y virtudes solo para que te vaya bien. Lo escrito aquí es tu manual de consulta en el transitar ministerial. Es un manuscrito que te hará sentir esa sensación que solo logran los grandes autores: "Tomemos un café juntos y te cuento cómo fue mi vida para que no cometas los mismos errores...", o sea, un lujo que ocurre muy de vez en cuando.

Recibamos con un gran aplauso esta obra de mi amigo, periodista, pastor y excelente autor Esteban Fernández. Estoy seguro de que nunca serás el mismo.

—Sergio D. Daldi

Presidente y fundador de Editorial y Grupo Nivel Uno

BREVE INTRODUCCIÓN
DEL SUJETO EN CUESTIÓN

La invitación a escribir un libro me resultó desafiante, por decir lo menos. Me angustió. Durante muchos, créeme, muchos años, le he estado dando vueltas al asunto. Nunca encontraba el tiempo, la determinación, la actitud o la inspiración adecuada como para arrancar a hacerlo.

Después de haber leído tanto y a tantos, sentía y me preguntaba (y, aún, sigo peleando con eso): "¿Qué de nuevo puedo llegar a decir yo?".

Lo cierto es que, en cada conferencia, mucha gente (ahora voy a tener que encontrarla para venderle por lo menos un ejemplar a cada uno) me preguntaba dónde podía comprar mis materiales. Hasta entonces, yo respondía: "Las notas se las hago llegar con mucho gusto, pero todavía no he escrito nada". "Ya lo haré", pensaba.

El momento llegó, y le dije a un colega y amigo que—creo—, además, es fan mío: "Ayúdame a poner las ideas en orden, así puedo publicar mi 'ópera prima' en forma de libro. He escrito hasta aquí mucho, para otros y para mí: análisis, columnas, introducciones, prólogos, epílogos y, si busco bien, creo que hasta alguna que otra despedida...Pero un libro...Eso no, hasta ahora".

Pues bien, después de mucho trabajo y correr, aquí está. Te voy a hablar de liderazgo. Ese es mi tema. Pero no quería hacerlo desde la "cátedra", sino, desde el "volante". Como un chofer que te lleva a dar una vuelta mientras conduce por el camino de los recuerdos, la historia y los sueños.

Por eso decidí que este libro de liderazgo, quizás el primero, quizás el único (todo depende de ti), entrelazaría el aprendizaje desde mi biografía. Después de todo, ¿quién puede seguir a quien no conoce? y ¿quién puede conocer a quien no se abre?

Y bueno, aquí está una parte de la vida del "clan" Fernández, que empezó hace muchos años, allá por mi Antiguo Testamento, en Argentina…

MI ANTIGUO TESTAMENTO

TODO EMPEZÓ ASÍ

Evaluando mi vida, definitivamente, debo reconocer que Dios me trajo hasta donde me encuentro, el día de hoy, en todos los aspectos posibles: tiempo, lugar y modo. He elegido contar la historia de mi vida a través del transcurrir de una familia totalmente normal para que puedas conocer el corazón de quien la está liderando. Es muy importante conocer el corazón de la gente. A eso apuntamos con este libro y es lo que hacemos en nuestras charlas, conferencias, seminarios y prédicas.

Dios es único y especial. Esto no es nuevo. Lo que sí es significativo en nuestras vidas es que se haya fijado en nosotros, Esteban y Patricia, un matrimonio común y corriente, para usarlo en transformar la existencia de otros. Nosotros, junto con nuestros cinco hijos, somos una familia común que solo ha buscado hacer lo que creyó que debía hacer y, luego, hacer lo que Dios pidió que se hiciera. Que al final, es lo mismo. Solo que, inicialmente, pensábamos que éramos nosotros manejando nuestras vidas, pero, en verdad, era Dios.

"Pareciera que fuimos elegidos". No queremos mostrarnos orgullosos. Queremos desnudar nuestro corazón. Siempre hemos sido auténticos, transparentes. Debes de saber que, a lo largo del camino, hemos venido recibiendo herramientas para hacer cada vez una mayor y mejor labor, principalmente, la de cuidar el corazón de las personas y capacitar al liderazgo, tanto de organizaciones, como de iglesias y ministerios a nivel mundial. Dios nos trajo hasta acá e iremos a donde Él nos lleve. Sin duda alguna y a pesar de nosotros mismos.

Somos una pareja de argentinos, nacidos en el interior de la provincia de Buenos Aires. Yo nací en la cuidad de Lobos y Patricia, en General Las Heras. Ambas ciudades están, relativamente, cerca una de la otra, y a 100 y 80 km, respectivamente, de la Ciudad Autónoma de Buenos Aires (ex Capital Federal).

Lobos cuenta con aproximadamente 40 000 habitantes y General Las Heras, con escasos 13 000.

Nací en 1959, un 11 de mayo, siendo el menor de la familia de Raúl y Mafalda, con un hermano que nunca conocí, Tirso, y una hermana, María Teresa. Mientras, Patricia nació un 15 de junio de 1960, en el hogar de Juancito y Silvia, con dos hermanos mayores, "Juany" y Silvia, y, luego, se completaría con la hermana menor, María Fernanda.

Siendo dos extraños que vivían vidas diferentes, Patricia y yo nos encontramos en lo que llamamos nuestro Antiguo Testamento (antes de recibir a Jesús como Señor y Salvador), cuando apenas teníamos 18 y 19 años, respectivamente. Poco después de conocernos, empezamos a soñar juntos, y nos atrevimos a formar una familia desde cero, literalmente.

Por aquel entonces, corríamos, andábamos en bicicleta y disfrutábamos de ciertas libertades que, poco a poco, han ido cambiando. El día terminaba con la caída del sol o un grito de: "¡Entra, ya es tarde! ¡A cenar!".

"Tu lugar de nacimiento no determina lo que Dios tiene para ti. No es una limitación para Él".

No todo fue como hubiese deseado. En muchos aspectos, mi hogar fue disfuncional. Evidentemente, convergieron muchas cosas, como la pérdida del primer hijo, un papá que dedicaba más tiempo al club social y al hipódromo que a su casa, una mamá que debía pasar excesivo tiempo en su trabajo para compensar la falta de su esposo. Fue un coctel explosivo. Este cuadro fue más complejo aún, pues vivía con nosotros una hermana mayor de mi mamá, soltera, que nunca se llevó bien con mi papá. No lo digo resentido, pero en ese entonces, fue duro de procesar. Evidentemente, uno no entiende muchas cosas hasta que comprende que Dios siempre tuvo un plan con todos...

De chico, pasé por momentos de desconcierto y baja autoestima, escuchando siempre que nosotros éramos "los pobres de la familia" o "nosotros somos pobres" para justificar que no había dinero para tonterías como golosinas o alguna galletita rica. También, momentos de miedo, como cuando me llamaban para ayudar a levantar a mi papá que se encontraba en el suelo por el alcohol, cuando me despertaban en la mitad de la noche para que fuera testigo del estado lamentable de mi padre borracho o cuando escuchaba los gritos de mamá amenazantes, corriéndome alrededor de la mesa para alcanzarme y darme una paliza diciendo: "¡Maldigo el día en que te parí!". Esas cosas van haciendo huella y lastimando interiormente. Es cierto que yo no fui un hijo fácil: mentía, robaba, me escapaba o desaparecía, entre otras maldades y desobediencias. Viéndolo en retrospectiva, las cosas en casa se habían salido de control debido a la violencia producida por la ausencia de papá, el alcohol y el juego.

"Una lección muy dura que aprendí: la ausencia de un líder genera descontrol".

Esas situaciones, que no eran ocultas al resto de la familia, alertaron a una querida prima que me aconsejó: "Toma distancia, sino esto te va a alcanzar". Para ese entonces, mi hermana ya había sido afectada por un desajuste psicológico importante. Y como las cosas iban empeorando, decidí irme de casa al terminar mis estudios secundarios.

> "¿Te has sentido buscando tu lugar en la vida?".

Ahí estaba yo, con mucha frustración, sufriendo acoso o *bullying*, con mi autoestima por el suelo y tratando de buscar satisfacción o aceptación en los lugares más oscuros y con las personas equivocadas.

> "Dios no aprueba tus pecados, pero no te abandona aun cuando estás pecando".

Esta prima, que se percató de mi condición de vulnerabilidad, se preocupó por mí y me consiguió un trabajo. Gracias, Isabel. Empezaban los cambios lejos de casa.

En el caso de Patricia, ella recuerda las mejores historias de su niñez y la sencillez y la calidez del hogar con una "extraña", pero intensa, cercanía con Dios. Aunque, luego, llegaría su primer y gran golpe: la enfermedad terminal de su papá.

Y así, parece que ya estábamos casi listos para unir nuestras historias, mi historia con la historia de "Pato" (nombre con el que cariñosamente llamamos a Patricia).

Llegamos, sin quererlo, a un punto de turbulencias en nuestras vidas. ¡Parece que Dios lo sabía y estaba juntando las primeras dos piezas de un rompecabezas!

> "No menosprecies aquellas cosas que parecen ensombrecer tu vida: pueden ser el punto de partida para grandes sueños".

Me gozo al observar que Dios tenía planes para nosotros. Ver hasta dónde nos ha traído me hace reflexionar mucho.

> "Él, definitivamente, usa a todo el mundo; lo importante es estar dispuesto, darse cuenta y dejarse usar. Estar dispuesto presupone estar atentos, trabajando y soñando. Dios no falla".

En nuestro caso, y creo que en el de todos, no importa dónde nazcas o qué situaciones te han tocado vivir, lo importante son los planes que Él tiene para con cada uno de nosotros. Dios va usando todo. Y lo mejor es que lo transforma en enseñanzas de vida. Si no, recuerda a Jesucristo, que comenzó en Belén. Acá, creo que hay un significado muy importante: a Dios le importan las personas, no los lugares. No te desanimes ni pienses: "¿Qué puede hacer el Señor conmigo? No valgo nada, mi vida es un desastre".

> "Él es especialista en levantarnos del polvo o bajarnos de las nubes".

Dios nos perdona, nos limpia y nos transforma en vasos útiles en sus manos. Se interesa en nosotros.

Sabemos que Dios tiene un plan para tu vida y la mía, y lo más importante es que te dejes usar por Él.

> "¿Estás disponible para Dios?".

Estar disponible es uno de las decisiones más importantes. Queremos ser usados, pero, ¿estamos dispuestos a obedecer? Todos tenemos un propósito en Él y para Él. Así que debes estar listo para dejarte usar. No sé si te sonará familiar, pero dicen que la fiebre en los niños los hace crecer, así pues, las limitaciones o circunstancias adversas también lo pueden hacer si logras descubrir lo que Dios hará con ellas.

Retomando nuestra historia, el hecho de haber nacido en un lugar pequeño y alejado de las grandes ciudades nos permitió tener una relación con Dios, si me permites decirlo, diferente. Nos relacionábamos con Él a través de todo lo que nos rodeaba, viendo la naturaleza, las estaciones del año, lo simple y lo complicado, los astros, un amanecer, un atardecer, los campos, las montañas. Esta es la revelación general que Dios le da a todo el mundo solamente para ver que la vida existe. Los árboles, el paisaje que te rodea, los animales, la gente de allí, todo te lleva a una relación especial sin convertirse en una relación panteísta, humanista o naturalista, sino más allá, a una relación que te invita a buscarlo. Por ejemplo, recuerdo algo que suele mencionar Patricia acerca de su relación tan cercana con Dios desde pequeña. Ella cuenta que, en su pueblo, Las Heras, al salir de su casa en las tardes, podía observar el firmamento y, a pesar de sentirse tan chiquita en esa inmensidad, miraba el cielo y sentía la presencia de Dios tan cerquita, que lo oía decirle: "Eres especial para mí". Tenía una relación especial con Dios a través del contacto con lo que la rodeaba. Y todas sus actividades al aire libre la acercaban más y más a Él.

Un refrán dice: "Pueblo chico, infierno grande". Yo prefiero decir: "En un pueblo, te conocen todos y, si no, inventan...". A pesar de ese pequeño "pero", sigo pensando que la vida en las pequeñas ciudades o pueblos es ideal para que crezcan nuestros hijos. Los tres mayores de los cinco que tuvimos alcanzaron a disfrutar algo de esto antes de salir de Argentina.

Mis comienzos

Desde chico, amé la lectura, gracias a la motivación de mi mamá, quien fue docente. Intenté estudiar periodismo para desarrollar la tarea que siempre vi hacer a mi papá, por quien me inicié en esta profesión. Mi papá era el dueño de *El Deber*, el único diario que tuvo Lobos por muchos años.

También, tuve la oportunidad de ver de cerca el trabajo de mi abuelo materno y mis tíos, quienes tenían una panadería. Solía colarme por la cuadra, que es la mesa de trabajo donde se prepara el pan, que se ubica cerca del horno de las panaderías, e intentar hacer lo que veía. Por cierto, eso sí lo conservo, el amor por el pan y las facturas (que es un bollo o bizcocho). Hace muy poco tiempo, me enteré que esa panadería, con tantos recuerdos, fue demolida por sus dueños debido a los daños sufridos por las tormentas severas que azotaron Lobos.

Volviendo al diario de papá, hoy, a mis 57 años, les aseguro que he experimentado el cambio vertiginoso que han tenido las comunicaciones.

Mis comienzos en el periódico fueron al inicio de la década de los 70, cuando tenía escasos 11 años, y me asombraba la tecnología y los medios impresos. En ese entonces, no existía nada ni remotamente parecido a lo que encuentras hoy. La tipografía era la reina en ese momento. Para imprimir, debíamos levantar los tipos, que eran unos plomos individuales, y uno iba armando cada palabra con ellos hasta completar la noticia. Además, con la tipografía individual en plomo, no solamente tenías que levantar las letras (esto hacía a las letras convertirse en un recurso limitado, pues podrías tener muchas cajas y muchas tipografías, pero en algún momento, se terminaban las letras), sino que tenías que imprimir, limpiar esos tipos, armar el texto y, después, desbaratar. Componer y descomponer, así se llamaba el proceso.

Sencillamente, así fue como comencé a formarme en la labor periodística. Más tarde, mi padre me dio otras oportunidades, por diferentes motivos, y fui desarrollando actividades como cronista, reportero y analista, solo que únicamente lo podía hacer en vacaciones o en los tiempos fuera de la escuela. Empecé a ayudarle a escribir algunas notas básicas y, después, fui su periodista social, contando, desde la perspectiva de un adolescente, lo que pasaba en la ciudad. Pero además, entre muchas otras cosas, era el encargado de repartir los diarios y de cobrar los recibos, es decir, fui su "relacionista público".

Aunque nadie sabía, esa cara tenía otro lado, un lado que tuve que confesar y por el que tuve que arrepentirme, porque intencionadamente y sin fijarme en el esfuerzo de mi papá, algunas veces, tiraba los diarios porque no los entregaba, o igual, me quedaba con dineros de esos cobros.

Siempre viví queriendo parecer más grande (adulto) de lo que era, e hice cosas a destiempo. Esto también me ocasionó más de un conflicto.

La época en el periódico sirvió para mi formación autodidáctica. Poder estar en el medio de las noticias me permitió desarrollar una gran capacidad de síntesis y análisis. Debía leer y entender todos los cables y sucesos que recibíamos de las diferentes agencias de noticias. Adelantábamos información tomada de la radio para poder traer al periódico. Desde la mañana hasta el mediodía, se recogían noticias y, en la tarde, las escribíamos a mano, para, luego, usando los tipos de plomo tipográficos, componer los textos manuscritos y comenzar a imprimir a las seis de la tarde y tener todo listo para, ya en la noche, iniciar la distribución del diario. Aunque era un trabajo de lunes a viernes, hoy, lo veo como una completa aventura, pues con un método completamente artesanal, podíamos alimentar a nuestra ciudad con las últimas noticias del momento.

Parte del trabajo consistía en ir a otro periódico, el de la parroquia, y, nuevamente, allí, me deslumbré con una máquina nueva para mí. Le decían linotipo, es decir, tipografía con plomo. Esto, para los que no entienden, es una cinta que iba pasando barritas de aluminio y el plomo iba quedando pegado sobre el aluminio como una gran máquina de escribir donde se escribía, valga la redundancia. Ahorraba mucho tiempo porque no había que componer las letras. Más aún, no se acababan las letras. Al otro día, fundías el plomo (descomponías) y volvía todo a la normalidad. Nuevamente, mi asombro era inmenso. ¿Adivina lo que pensé? "Esto no lo va a superar nada".

"Dios trabaja con tus talentos y te pone a hacer
lo que te gusta. ¡No es una exageración!".

En este proceso, no puedo dejar de mencionar mi paso por la radio, otro de mis sueños. Evidentemente, las comunicaciones es lo mío.

Recuerdo cuando un grupo de deportistas mexicanos pasó por la emisora y uno de ellos me sorprendió con un consejo: "Mañana, tendrás que tomar una decisión muy importante y trascendental en tu vida; piensa bien lo que vas a decidir".

Tal cual. Al día siguiente, después de tres años de labor en radio, mi prima me anunció que tenía un trabajo que me permitiría estudiar y alejarme de algunos problemas. Era en la Capital Federal. Dejaría la radio, para, según mi pobre entender, entrar en las ligas mayores: la revista *Visión*.

Junto con esta grata noticia, también me dio algunos consejos: "No dejes de hacer psicoterapia, te va a ayudar a encontrar las cosas buenas que tu papá aportó a tu vida: no todo es malo". Y añadió que mi ingreso a la revista *Visión* era por recomendación, así que cuidara mi trabajo.

Y así, lo hice por muchos años, incluso, hasta después de casado, y logré revisar muchas cosas desde la psiquis y la razón. Sin embargo, el verdadero perdón para mí llegaría tiempo más tarde, cuando mi espíritu fue sanado. Creo que recién entonces, pude honrar a mis padres como Dios lo manda. Honrar no tiene que ver con lo que yo siento, sino con la posición que Dios les dio a ellos de ser mis papás.

"El perdón tiene que ver con el
espíritu, no con la razón".

No siempre le das valor a lo que has vivido, sobre todo si son cosas poco agradables, pero según pasa el tiempo, descubres que esas incomodidades son el comienzo de todo lo bueno.

"Estamos acostumbrados a quejarnos y
autocompadecernos, pero cuando dejamos
que Dios entre a ordenar nuestra vida, todo
se transforma desde adentro hacia nuestro
alrededor con un gran protagonista: el perdón".

Y la vida siguió y yo seguí sorprendiéndome de la tecnología. Ahora sí, créeme, pensé que mi reciente descubrimiento no tendría rival. ¿Qué fue lo que me sorprendió? El teletipo, que develé a mi temprana llegada a la revista. Al trabajar allí, tenía entre mis labores ir a las centrales telefónicas a poner noticias para diferentes países, entre los que recuerdo México, Estados Unidos e Inglaterra. Las noticias eran grabadas en una máquina de escribir Siemens, que tenía un dispositivo al lado y que permitía la perforación de una cinta de papel. Había que llevar esa cinta grabada a una central de telefonía, pedir una llamada telefónica y poner esa cinta. Luego, apretabas un botón y la cinta se disparaba sola. Espero que comprendas que ahora sí, en serio, me dije: "Esto no lo supera nadie", porque en tiempo real, otra máquina de escribir estaba recibiendo la información al otro lado. Y bueno, al poco tiempo, apareció el fax, y no tuve más que concluir: "Ahora sí, esto ya es demasiada tecnología". Poder poner una hoja de papel en el teléfono por donde hablabas y que al otro lado se estuviera quemando el papel y saliendo la hoja impresa, incluso con fotografías legibles (ya que antes solo podías formar las fotos con letras y sombras), ¡era asombroso!

"No menosprecies lo que caminaste y aprendiste, son solo escalones para llegar".

La evolución y el desarrollo de la tecnología de la información y las comunicaciones no se han detenido y no sabemos qué vendrá. Ya no sigo pensando qué es lo último, porque apenas lo pienso, parece que ya es obsoleto. Hoy, ando con una tableta sincronizada con mi reloj, comunicándome en tiempo real simultáneamente con todas las personas con quienes trabajo y comparto proyectos a nivel mundial. Esto es un beneficio con el que contamos en esta nuestra sociedad actual y que conlleva una responsabilidad inmensa. Mira, debemos ser muy responsables con el uso de esta tecnología y la forma de comunicarnos, pero eso es tema de otro libro.

ÉXODO

Luego del trabajo con mi papá y la radio y terminado el bachillerato, me fui a la Ciudad Autónoma de Buenos Aires, que, con respeto, prefiero llamar Capital Federal, para comenzar mis estudios formales en comunicación y empezar a laborar en la revista *Visión*. Allí, pude hacer las dos cosas paralelamente.

Eso fue en el año 1977. En la revista *Visión*, me inicié como mensajero (mandadero, cadete u *office boy*), lo que implicaba que hacía de todo un poco. Incluía llevar papeles a clientes, ir al correo, al banco, buscar lo que se necesitara, ir a comprar algún elemento de oficina, etc. Con este empleo, podía pagarme los estudios que quería completar. Sin embargo, no me quedé ahí. Junto a mi preparación en periodismo, fui escalando posiciones dentro de esa misma organización periodística, aunque por "ascender", abandoné la carrera. En ese entonces, me pareció correcto, pero hoy, es uno de los grandes "pendientes" de mi vida.

En esta corporación, se publicaba una revista llamada *Progreso: la revista económica interamericana*. Estaba pensada para el mercado latinoamericano, con un enfoque político y con análisis económico. Empecé a colaborar a través del anuario *Progreso*, publicado por la misma revista.

Ya desde mi primer oficio, así como al comenzar a trabajar en esta organización, siempre me llamaron la atención dos cosas. Primero, Latinoamérica, porque se abría ante mis ojos un concepto distinto, y, segundo, el pluriculturalismo, pues encontraba muchos columnistas con visiones diferentes de una misma noticia. Allí, se abordaban temas económicos, sociales o políticos desde la perspectiva de muchos países.

En abril de 1980, mientras trabajaba allí, me casé con Patricia, siendo ambos muy jóvenes, ya que ella tenía 19 años y yo, 20. A esa edad, uno se lleva el mundo por delante y, para mí, teniendo trabajo y ganas de compartir el resto de la vida con ella, era suficiente.

Pasaron algunos años y, todavía, recuerdo una aventura de mi primer viaje en avión, que fue parte de cumplir esos sueños locos de jovencito inexperto. En 1985, la aerolínea Pan American inauguró una ruta sin escalas de Buenos Aires a la ciudad estadounidense de Los Ángeles, motivo por el cual invitaron a la revista a que asignara un delegado para cubrir el evento. El director editorial de la oficina de Bs. As., en aquel tiempo, Luis Vidal Rucabado, me escogió como el representante oficial. Gracias, Luis y Sara, por creer en mí.

"Acá es donde aplico que hay que estar disponible: Dios siempre te sorprende".

Este fue el primer viaje relevante en mi vida. Con mi esposa e hijos, me trasladé en autobús y en tren hasta el aeropuerto, pues todos querían participar de la despedida. El solo hecho de llegar al aeropuerto fue algo novedoso para mí. Llegamos muy temprano, una rutina que mantengo actualmente. No solo me gusta, considero que llegar antes de la hora convenida es una virtud. Subí al avión y me asignaron el asiento 40F y, antes de cerrar la puerta, empezaron por los parlantes de la aeronave a buscar al pasajero Esteban Fernández. Inmediatamente, pensé: "Ya me bajaron del avión", y oh, sorpresa, al ser enviado a cubrir este evento, tenía asignada primera clase, por lo que mi felicidad fue enorme. No solo era el primer viaje en avión, era el primer viaje internacional, el primer viaje a Estados Unidos, el primer viaje sin paradas, el primer viaje en primera clase y, además, en Pan Am, un hito, un referente, en la aviación mundial. Me sentí literalmente "en las nubes".

Empero, este viaje no salió como se pensaba, porque el avión debió parar en Santiago de Chile por un desperfecto mecánico. Después, el vuelo siguió tomando la ruta de la aerolínea LAN Chile, yendo por la costa, en vez de seguir la ruta del Pacífico. Lo novedoso fue el notable problema que se generó, pues LAN Chile, aparentemente, no avisó al gobierno peruano que estaba prestando la ruta a un avión estadounidense. En aquel entonces, Perú había roto relaciones con Estados Unidos y, al sobrevolar nuestro avión sin el permiso necesario el suelo peruano, fuimos obligados a aterrizar ¡por dos aviones cazas! Permanecimos detenidos 12 horas dentro de la aeronave, sin poder bajar, sin agua y sin comida. Ya no me resultaba tan extraordinario. Fue una experiencia muy sorprendente y se volvió noticia mundial. Todos los medios estaban en Los Ángeles esperándonos cuando aterrizamos.

Esto, lejos de apabullarme, me motivó mucho y, a partir de ahí, cada vez que veía pasar un avión por el cielo me decía: "¿Cómo será la vida en ese avión, las personas, el aroma, la comida?". Sigo disfrutando de estas cosas aun cuando viajo más que frecuentemente, y tengo un sinnúmero de anécdotas que seguramente serán motivo de mención aparte.

> "Vive por tus convicciones. No pretendas que hagan caso a tus palabras, sino a lo que vives".

Más tarde, en el año 1989, recibí la propuesta de un cambio de destino en la empresa multimedia latinoamericana donde trabajaba, y me ofrecieron ir a México, que era donde estaba otra de sus bases de operaciones.

Desde las oficinas centrales de la empresa, ubicadas en Norteamérica, me habían ofrecido hacerme cargo de algunas operaciones en México.

Pensar mudarnos a la Ciudad de México implicaba un vuelco radical, y quiero recordarte que, en ese momento, no conocíamos el recurso de orar a Dios para ver qué era lo que Él pensaba, no conocíamos esa relación personal e indispensable. Tanto Patricia como yo éramos católicos y vivíamos así: dejábamos ir a nuestros hijos a la misa de los domingos y les dábamos dinero para la limosna. Años más tarde, al prepararse para el bautismo, ya mayores, nos confesaron que ellos se escapaban de la iglesia local a donde los mandábamos y se gastaban ese dinero en videojuegos.

> "Nuestros hijos imitan nuestras acciones, no nuestras palabras".

Tenía yo 30 años y el solo hecho de estar casado me ayudó a tomar la decisión de salir de mi país. Si hubiera estado solo, no lo hubiera hecho. Para ese entonces, ya teníamos cuatro hijos: Juan Martín, Juan Sebastián, Juan Agustín y María Laura. Hoy, tenemos uno más, 'Juampi' (Juan Patricio).

Nosotros, la pareja Fernández-Miino Carnevale (o simplemente, Fernández-Miino, como nos simplificaron en las partidas de nacimiento de nuestros hijos), decidimos dar un giro de 180 grados a nuestras vidas. Salimos del pueblo pequeño a la Capital Federal y, ahora, era algo aún más grande. Ya no eran los 13 000 ni los 40 000 habitantes de nuestros pueblos. Bueno, resulta que entonces, nuestro hogar era la ciudad más grande de Latinoamérica que, en esa época, tenía unos 20 millones de habitantes. Hoy día, es fácil recorrerla de un extremo a otro por las autopistas que han construido. Pero en aquel tiempo, solo existían dos vías centrales, el Periférico y el Viaducto. Solo atravesarla por Insurgentes, de Norte a Sur o de Sur a Norte, podía tomarte tranquilamente casi tres horas, y sin salir de la ciudad. Impresionante. El mundo del que proveníamos era absolutamente diferente al que íbamos y lo sentíamos como un desafío impensable para nosotros.

Los pasajes para todo nuestro grupo familiar se obtuvieron por un canje entre la revista *Visión* y Ecuatoriana de Aviación, una aerolínea extraordinaria, pero que por aquel entonces, el itinerario implicaba una ruta de Buenos Aires a Santiago de Chile, luego, a Guayaquil, Ecuador, pasar una noche en Quito, en el mismo país, seguir de allí a Panamá para, finalmente, llegar a México. Fue un viaje más que agotador para nuestros cuatro chiquitos, donde el mayor tenía 7 años y la menor, 2 meses de nacida.

Tengo muy presente la cara de Patricia en ese viaje. Ver a mi esposa en el primer viaje internacional de su vida, con cuatro niños, es un recuerdo inolvidable para mí. Fue titánico.

Al llegar a destino, no había nadie esperándonos, y no debía haberlo, pero eso me concientizó, me llevó a reconocer que la cruda realidad era esa, llegar a un país donde nadie te conocía y que queríamos conquistar. Desde el aeropuerto, debimos trasladarnos en dos taxis, en uno, fue Patricia, la niña y todas las maletas y, en el otro, fui yo con los varones. Durante el viaje a nuestra casa, yo miraba para atrás y veía una ciudad enorme. Finalmente, llegamos a Colonia Polanco, nuestro nuevo hogar en el que experimentaríamos cosas hermosas, y del cual solo tenemos recuerdos extraordinarios.

> "Aprendí que Dios te invita a viajar
> sin darte el destino final".

Establecernos en México nos obligó a tener que empezar todo de nuevo. La cultura era diferente, así como la comida, los sabores, las amistades… Todo esto hizo que, hoy, tengamos recuerdos entrañables. A mis hijos, comenzaron a apodarles "güeros" (rubios) y escuchábamos la palabra "charros", y muchas otras que tuvimos que incorporar a nuestro léxico.

Recuerdo muy bien que cada vez que llegaba una carta desde Argentina, yo lloraba tres veces. Lloraba cuando la recibía, lloraba al leerla en mi oficina y lloraba cuando se la leía a mis hijos en casa. Para mí, fue muy complicado el tema de la nostalgia. Los domingos veía pasar el *jumbo* de Aerolíneas Argentinas por el espacio aéreo sobre mi casa iniciando el descenso y aproximación al aeropuerto. Esto me lo hacía ver muy cercano y, así, cuando veía el avión, solo atinaba a repetir: "El próximo domingo, lo tomo para regresar".

Lo cierto es que, con frecuencia, iba a Argentina a visitar las oficinas regionales, pero tenía la sensación de que ya no era mi casa. Tu casa es donde te espera tu familia. Esto nos ayudó a juntarnos más como familia, aprendimos el valor de las cosas que uno suele pasar por alto y no le da importancia cuando está en la comodidad de su tierra natal. Empezamos a valorarnos más, los chicos crecían bien con sus amigos, pero ellos también estaban bien compenetrados entre sí y con nosotros. La unidad familiar que se logró en el extranjero fue un factor positivo para todos. Se estableció una relación sólida entre ellos y una con nosotros que aún permanece. Ellos se consultan y se ayudan en todo cuando necesitan. En sus primeros años, tuvieron que defenderse en un ambiente y un lugar desconocidos y esto hizo que se fortalecieran e hicieran contención mutua.

"Parafraseando a Tomas Eloy Martínez: Una vez que uno se va a vivir a otro país, aunque vuelvas de regreso al tuyo, ya no puedes decir que vuelves a tu casa, porque allí a donde fuiste, queda un pedazo de tu vida".

Patricia y yo empezamos a valorar lo que habíamos dejado y pudimos amar lo que estábamos teniendo. Tal vez, por eso es que nunca nos costó acostumbrarnos a la comida, aunque se pueda pensar lo contrario por la fama de la cultura argentina. Nosotros nos pudimos insertar bien y, si me permites, te doy un consejo: "Si vas a ir a un lugar nuevo, hay que vivir con las reglas del lugar". Uno puede influir o inspirar a otros, pero normalmente, tiene que vivir en la cultura de los demás. Recuerdo a los viejos misioneros mirando hacia atrás, viviendo el verdadero desprendimiento y despojo al dejar todo para poder cumplir con su llamado.

Los chicos empezaron a estudiar. Patricia empezó a manejar por toda la ciudad para llevarlos a sus prácticas de fútbol, conduciendo de un lado a otro para lo que fuese necesario. Ella estuvo siempre con los niños y yo, en el trabajo, viajando cada vez más. Solo que ahora viajaba desde mi casa, en México, a otros lugares. Cuando dejaba a la familia, añoraba regresar, experimentando siempre una sensación extraña, pues cada vez que el avión aterrizaba en Ciudad de México yo decía: "Estoy llegando a mi casa, y esto es muy bueno".

Pero lo mejor estaba por llegar y, en verdad, me faltaba conocer lo verdaderamente bueno.

Destello de la gloria de Dios

Así como Dios sacó a Abraham de Ur, su tierra natal, para cumplir su propósito (Génesis 12:1), quiero creer que me pasó lo mismo. No que yo sea otro Abraham, pero sí que Dios dispone de la vida de sus hijos para cumplir su propósito.

En mi caso, me estaba sacando de Argentina con una misión y fue, en México, donde tuve el primer encuentro con las cosas de Dios. No fue en Lobos, ni en Buenos Aires, ni en Miami (EE. UU.) ni en las innumerables ciudades que ya había conocido por aquellos días, fue en la Ciudad de México.

Vivíamos muy cómodos en un edificio de apartamentos y compartíamos el piso con otra familia. Se trataba de un matrimonio estadounidense de apellido Reinbold. Richard ejercía como médico, Karen, su esposa, era fisioterapeuta, y vivían con Joshua, su hijo menor. Como es común en estos casos, su hijo empezó a jugar con los nuestros.

Nos fuimos relacionando poco a poco y, después de un tiempo, nos enteramos de que eran misioneros, lo cual llegó como una nueva palabra a mi vocabulario. Estaban haciendo una obra espectacular entre los recicladores de basura (pepenadores) de la localidad de Santa Fe. En aquel momento, el basurero de Santa Fe quedaba en las afueras de la ciudad. Hoy día, es una de las colonias más exclusivas, costosas e impresionantes de toda la Ciudad de México. En aquel momento, ellos llevaban cinco años haciendo obras sociales y misioneras con los trabajadores del basural.

A los seis meses de llegar de Argentina, ellos nos empezaron a presentar el Evangelio. En una oportunidad, nos invitaron a su casa y, otra vez, nos invitaron a la celebración de un bautismo, ceremonia de la que no entendíamos el porqué sucedía de esa forma, ya que pensábamos que eso se hacía cuando uno era un chico. Empero, lo que inmediatamente percibimos fue la amabilidad de todo el grupo.

Un domingo, nos invitaron al Hotel Crowne Plaza, ubicado en el Paseo de la Reforma, a lo que ellos llamaban un "servicio". Fui con Juan Martín, por ese entonces de 7 años, quedándose Patricia en casa con los demás chicos y María Laura, que todavía era bebé.

Hicieron algunos grupos y a Juan Martín lo llevaron a la iglesia infantil. Nunca olvidaré el impacto que recibí por la música y la prédica. Aún hoy, conservo el impacto que recibí en ese servicio por el modo en como ellos festejaron tanto nuestra presencia. Recuerdo vívidamente que me saludó un misionero que estaba de paso. Era un ingeniero de la NASA y que bien podía ser Neil Armstrong.

Empecé a estudiar la Biblia con un grupo de hombres que se reunía los lunes para este fin. En una de esas reuniones, uno de mis compañeros se arriesgó y me dijo: "Dios quiere hacer cosas contigo y nosotros queremos prepararte porque necesitamos abrir una obra en Uruguay y queremos que vayas allá". Para mí era chino básico, no entendía de qué me estaba hablando. Yo era un periodista, formado como tal, y que tenía mi propia cercanía espiritual porque me crié con los Hermanos Maristas. Incluso, fui profesor de religión. Pero, hasta ahí.

Eso sí, el estar en México y mencionarme ir a Uruguay no me hizo pensar que era retroceder, ya que jamás en mi vida soñé o pensé siquiera en llegar como destino final a Estados Unidos (como fue más tarde en otras circunstancias que te platicaré luego). Te digo, sí, que pensar en ir a Estados Unidos no era algo que me hiciera mucha gracia. Te explico, cuando me llegaron a ofrecer ir de México a Estados Unidos, lo que hice fue rechazar esa alternativa. Incluso, le dije a Patricia que si había un lugar a donde yo no me iría a vivir sería a Miami, porque todo era de plástico. De la noche a la mañana, aparecen palmeras donde no las hay. Las palmeras crecen mientras duermes. Las paredes son de *sheetrock*, o sea, de cartón y yeso. Los estadounidenses arman las casas muy rápido y yo estaba acostumbrado a la cultura del ladrillo, el concreto, la arena, el cemento, las bases, el hierro. Mi costumbre era ver crecer los árboles en su tiempo, no que aparecieran en un abrir y cerrar de ojos. Pero esa es otra historia, porque el Señor quiso que finalmente terminara en Miami, donde ya llevo 21 años. Valga decir que, allí, amplié mi cosmovisión, la cual era muy pueblerina.

Pero no solo eso. Estos hombres, también, me hablaron de otras cosas que no entendía. Estas gentes que se me habían acercado y que se habían convertido en mis amigas, en algún momento, me dijeron: "Esteban, ahora hay que dar un paso. Hay que bautizarse". Para mí, pensar en bautizarme era traicionar mis raíces católicas. Yo ya estaba bautizado, era el año 1989, tenía 30 años y no necesitaba bautizarme nuevamente. Les respondí: "¿Saben qué? Yo fui bautizado de chico y soy tan parte del pueblo de Dios como son ustedes". No se habló más del asunto. Quedamos así y, a la mañana siguiente de la reunión del grupo de estudio, a la que habíamos ido con el pastor Richard, él me dejó una nota en el parabrisas del auto que decía: "Querido Esteban, yo sé que planté una semilla en tu corazón. No sé cuándo va a florecer, pero sé que está plantada". Nunca más volvió a hablarme del tema.

"Las semillas de Dios siempre dan fruto".

UN NUEVO PARÉNTESIS EN LA HISTORIA

Volví a mi vida secular. Mi día a día en el trabajo incluía ir a fiestas para relacionarme con gente del ambiente y empecé a ascender de nuevo en la organización. Había llegado como auditor regional, es decir, era el coordinador administrativo de las oficinas de Colombia, Chile, Ecuador y Argentina con todas sus corresponsalías.

En ese momento, se produjo una movida interna en la revista y se decidió remover al presidente, haciéndose cargo otra persona de la empresa. Quien asumió esa posición me enseñó mucho. Confió en mí, me tuvo muy en cuenta y empezamos a cultivar una relación personal que abarcó nuestras familias.

"Si quieres que te conozcan, abre tu casa".

Para el año 1991, yo ya llevaba 15 años de vinculación con la organización. Había viajado por varios países y participado en un proceso de reestructuración en Argentina. Este compañero y amigo, quien era nuevo en la empresa, pero con experiencia en el mundo de los negocios, decidió nombrarme vicepresidente de la organización. Este hecho desencadenó una serie de intrigas tremendas. Nada nuevo en el mundo de los negocios donde el poder mueve los sentimientos más oscuros.

La presidencia de la revista se ejercía en la casa matriz, ubicada en Miami. También, había una sede en Nueva York. Recuerdo muy bien cuando alguien en México me dijo: "Tú no debes estar acá, deberías moverte para Estados Unidos, porque si tú eres vicepresidente, debes estar donde esté el presidente". Traducido, quería decir: "Acá no te necesitamos y si no te regresas a Argentina, vete a Estados Unidos".

Es lo que se conoce como la cultura y el paradigma del cacique. Es decir, cada cacique quiere ser el dueño de su tribu sin importar el tamaño de la misma. El cacique no quiere competencia, no quiere otro cacique o alguien que compita por su lugar. El cacique piensa que debe haber una sola cabeza, y claro, debe ser él.

Evidentemente, mi presencia le incomodaba y pensaba que le robaría su "puesto". En relación con otros, yo era recién llegado y ya estaba en una alta posición. Ellos no sabían si era por mérito o había otra razón, pero para mí, hoy, tengo absoluta certeza de que definitivamente fue por el favor de Dios, el cual siempre me acompañó, aunque yo no lo reconociera.

"El hecho de que no lo reconozcas, no quiere
decir que Dios no trabaje a tu favor".

El nuevo presidente estaba exigiendo cambios de mentalidad, cambios corporativos, cambios que exigían autosuficiencia en cada una de las oficinas locales buscando que, para mantenerse, no dependieran de los giros de la casa matriz. La incomodidad que estos recientes cambios causaron en las personas fue el germen de una terna que terminó con la salida de este nuevo presidente.

Cuando esto ocurrió, mucha presión cayó sobre mis espaldas, y sabía que las cosas estaban demasiado sensibles como para suponer que todo quedaría así.

Se creó una guerra interna contra todo aquello que respondiera al presidente retirado, y me dijeron: "Te vas para Miami". ¡Uy! Yo sabía que ir a Miami no era un ascenso para mí. Salir de Latinoamérica y establecerme en Norteamérica iba a ser el camino para el despido.

En Latinoamérica, las leyes protegían a los periodistas de una manera impresionante, entonces, despedirme en México o en Argentina les costaría muchísimo dinero por las leyes de protección. Los sindicatos en Latinoamérica—en ese entonces—, respaldaban muchísimo a los empleados de una empresa periodística, pero en Estados Unidos, no sucedía lo mismo. Y los despidos se producen de la noche a la mañana.

Durante ese tiempo, habíamos regresado por un tiempo a Argentina, pues la oficina editorial había sido trasladada a Buenos Aires.

Coincidió con la circunstancia de que mi suegra estaba muy enferma, de hecho, falleció una semana después de regresar Patricia con los niños.

Fue, entonces, que le dije a mi esposa: "Patricia, ya no aguanto más estas intrigas, estoy cansado. Con lo que me corresponde por despido, voy a comprar un par de taxis. Voy a ser taxista. Montaré mi propia empresa de transporte".

Patricia me respondió: "Estás totalmente loco, porque vos no te vas a aguantar. Aparte, te vas a frustrar y esto nos va hacer mal a todos. ¿Por qué no probamos seis meses en Miami?".

Dijo esto muy a su pesar, ya que su hermanita, María Fernanda, que es como una hija para nosotros, no nos acompañaría. Ella estaba aún estudiando y saliendo con un "noviecito" que, hoy, es su esposo y con quien formó una hermosa familia con tres hijos preciosos.

Patricia concluyó su consejo con esa calidad que tiene y solo atinó a mirarme si acaso un instante. Y sí, le hice caso y probamos seis meses. Desde entonces, ya han pasado 21 años y, todavía, estamos acá (los chicos, aún, nos preguntan cuándo se cumplen los "seis meses").

Romanos 8:28: "Ahora bien, sabemos
que Dios dispone todas las cosas para el
bien, de quienes lo aman, los que han sido
llamados de acuerdo con su propósito".

Viajando a The Falls

Inicialmente, llegamos a Miami para ver qué íbamos a encontrar y saber, de primera mano, de qué se trataba todo esto. Dejamos a los varones en Argentina con amigos y familiares y viajamos solamente con María Laura, nuestra hija menor de cinco años. Íbamos en viaje exploratorio y yo quería que Patricia conociera y me diera un reporte, quizás, más positivo que el mío.

Llegamos un día muy lluvioso, tanto que parecía remembrar las lágrimas lloradas en el avión que nos condujo hacia ese destino. Ni bien el vuelo partió de Buenos Aires, 'Marita' comenzó a escribir una carta a sus hermanos que quedaron en Las Heras. Alquilamos un auto y fuimos a buscar la dirección del apartamento que nos había rentado la empresa. Yo no sabía muy bien por dónde quedaba. Solo sabía que la oficina estaba en Coral Gables. Saliendo del aeropuerto, tomamos hacia el Oeste y, luego, al Sur, y nuestro panorama fue ver pasar cuadras, cuadras y cuadras. Para los que conocen Miami, nos pusieron en un departamento detrás del centro comercial de The Falls, que está ubicado en la US 1 y la 136 St. Finalmente, llegamos a Briarwood, en la 90 SW y la 144 St. Hoy, se llama Residence of the Falls.

Me sentí absolutamente solo, lejos de la oficina, vacío de amigos. Esta era una sensación totalmente diferente a la de mi llegada a México. En esa ocasión, era la expectativa de un sueño nuevo, de vivencias inéditas, pero lindas. Sin embargo, en la Florida, era otra cosa y mis prejuicios no contribuían.

Cuando el avión aterrizó en Miami, presentía que algo iba a ocurrir y que nada sería fácil. De seguro habría una intriga montada, lo cual confirmé cuando, después de instalarnos, quise reportarme a la oficina de Miami. Llamé para decir: "Presente; acá estoy", y me recibieron con un: "Estamos en una reunión con los publicistas de la región y no necesitamos que venga por ahora. Tómese esta semana", lo que me desconcertó completamente. Me sentí en una soledad total, porque estábamos nosotros tres en un sitio lejano, con un sentimiento de abandono y yo, considerándome totalmente inútil.

Sin embargo, a los dos días, fui a saludar a todos para presentarme. Quería dejarles ver que estaba disponible. Pero ahí fue que aprendí que el movimiento no siempre produce acción. ¿Sabes qué noté? Que hablaban de mí en tiempo pasado y muchos que me buscaban y me reportaban me saludaban como si ya "no estuviera". Comprenderás que me sentí aún peor, pero hoy me doy cuenta que definitivamente son situaciones que Dios permite.

"Dios te pone a reposar para tomar fuerzas nuevas".

Al principio, hicieron todo lo posible por desmoralizarme para que yo me fuera. Llegaron hasta a rentarme un automóvil viejo. En Miami, la mayoría de los autos son de último modelo y yo andaba en mi Grand Marquis de 15 años atrás, en el cual iba de mi departamento a la oficina y del trabajo a la casa... y quedaba lejísimos uno del otro. Además, el ambiente laboral era tenso y asfixiante.

Corrieron los días y nada. Llegaron al extremo de ni siquiera asignarme oficina y debí acomodarme en cualquier lado, pero, como siempre sucede, el Señor cambió las cosas.

> "En las manos de Dios, el corazón
> del rey es como un río".

Igual, yo seguía allí porque no tenía de dónde agarrarme: estaba en un período familiar de prueba. Patricia y yo habíamos acordado esperar seis meses y yo debía ser fiel a la palabra dada a ella.

Mi trabajo, a pesar de todos estos movimientos, hizo que las personas que trabajaban en Miami empezaran a conocerme de vista y no de oídas. Descubrieron, para su sorpresa, que no representaba ningún peligro para ellas o la organización y que, incluso, podría ser útil en la implementación de los cambios que vendrían. Empezaron a verme como realmente soy, alguien normal, a mi propio entender, obvio, pero nuevo para ellos. Y a todos los que me estaban haciendo la guerra se les empezaron a caer las caretas, porque como suele repetir Luciano Jaramillo: "La verdad es tozuda".

> "No pierdas tiempo, energía o recursos en defender
> tu caso. La verdad siempre sale a la luz".

Dios usó a más de una persona para alentarme a mostrar lo que sabía hacer. Gracias.

Para mi sorpresa, y la de muchos otros, me dijeron: "No van a reemplazar al presidente y tú serás el encargado de rearmar la corporación". El juego había cambiado, como decíamos en aquellas épocas. Cambió mi suerte...y la de ellos.

Ahora, el problema era para ellos. No porque yo tuviera algún sentimiento de venganza, sino porque ellos sentían vergüenza de sus actos, tanta, que los vi a todos ponerse muy colorados en nuestras interacciones. Este proceso empezó a finales de 1994 y duró dos años, hasta finales de 1996.

Nuevos amigos: Hermanos por siempre

Para enero del año 1995, habíamos traído a los niños y estaba toda la familia reunida. En aquel departamento, lejos de mi oficina, en esa soledad, en la ciudad a la que no quería venir en un principio, sucedió un acontecimiento que cambiaría nuestras vidas. Una tarde de domingo, alguien nos encontró jugando al tenis a Patricia y a mí y se nos acercó diciendo, en un perfecto argentino: "¿Ustedes son argentinos?". Claro, mostrábamos nuestro origen, estábamos diciendo cualquier barbaridad, nos estábamos insultando como buenos argentinos en una cancha de tenis. Recuerdo a esta familia por muchas cosas y, entre ellas, se me viene a la memoria su vestir. Siempre, impecables. Ella, siempre de vestido, muy elegante, y la niña también.

Paramos de jugar y nos acercamos a ellos. Detrás, estaba el departamento donde vivían con sus 6 hijas. De hecho, veíamos a una de ellas asomada por la ventana a la expectativa de nuestro encuentro con sus padres. Les dijimos muy a lo argentino: "Sí, somos de Argentina, de Las Heras, ¿por qué?". Y ellos nos contestaron: "Nosotros conocemos Las Heras". Empezamos a conversar y descubrimos que teníamos cosas en común y hasta que conocíamos a algunas personas en particular de ese pequeño pueblo de General Las Heras. Increíble, vivían en Miami y conocían Las Heras.

Cuando les pregunté quiénes eran, se presentaron como la familia Ducasa-Swindoll. Este matrimonio era el conformado por Juan Manuel, de sobrenombre "Lito", cirujano-urólogo, y su esposa, Erma Lovell (hija de Orville Swindoll y sobrina de Charles y Luci Swindoll, todos ellos reconocidísimos escritores y ministros del Evangelio).

Los padres de Erma Lovell (Orville y Erma Jean) trabajaron como misioneros cristianos, inicialmente en México en

1957 y, luego, a partir de 1959, en Argentina, donde sirvieron fielmente al Señor hasta abril de 1991, fecha en que se mudaron a la ciudad de Miami. Ellos habían vivido 32 años en Argentina, primeramente en Resistencia, Chaco, en el Norte, después, en Santa Fe y, finalmente, en Buenos Aires.

Como ya te había contado, "Lito" Ducasa y su esposa, Erma Lovell, tenían seis hijas. La menor de ellas, Michelle, se hizo inmediatamente muy amiga de nuestra hija, María Laura. Corría ya marzo de 1995 y, entre las dos familias, iniciamos una gran y hermosa amistad. Nos hicimos todos muy amigos, empezando por María Laura y Michelle, y nuestros hijos con sus hijas, así como también con los hijos de otra querida familia de hermanos, "los Manoukian". Ya nos sentíamos como en casa. "Lito" y Erma, Luis y Ana, nosotros y 12 chicos corriendo de aquí para allá. También, llegarían a nuestras vidas Elisa y Gerson y sus tres chicos, Kelly, Paulo y Mariela.

Nos volvimos muy cercanos. Ellos venían a casa y participaban de nuestras reuniones. Al poco tiempo, por esas cosas de la vida, descubrimos que Ana Snyder tenía a su hermano, la esposa y dos sobrinos viviendo en Las Heras. Para sorpresa de todos, estos familiares de Ana, Marcos y Graciela, ya formaban parte de las personas que conocíamos de Las Heras. No lo podíamos creer; Dios sí nos amaba y mucho. Luis trabajaba en la Editorial Logos y estaba tratando de montar la editorial en Miami. Vivían también en el condominio y tenían tres hijos de la edad de nuestros hijos. Asimismo, se volvieron nuestros amigos y empezamos a relacionarnos como comunidad. Esa primera conversación con Erma y "Lito" nos cambió la vida, literalmente.

Quiero resaltar que nunca nos dijeron que eran cristianos. Aceptaron ser nuestros amigos sin reparos. Nunca recibimos un reproche. Cuando venían a alguna reunión en nuestra casa, era normal que en esas oportunidades se fumara o se bebiera *whisky*. Yo los invitaba y ellos pasaban un ratito e inmediatamente decían: "Nos tenemos que ir, solo pasamos a saludar". Nunca nos dieron la espalda.

Y como estaba en boga todo el tema de la Nueva Era, recuerdo haberles preguntado: "¿De qué signo son?". Y me respondieron que no sabían. Y otra vez, les dije: "¿Ustedes creen en las pirámides?". Les pregunté porque yo estaba muy metido en el tema esotérico, hasta tenía una pirámide debajo de la cama para "cambiar mi suerte". Y ellos, siempre muy corteses, nunca me ofendieron.

Y es que era muy loco. Mi secretaria hacía muñequitos para ponerlos en el *freezer*, representando a los que estaban en "mi contra". Ellos, muy amablemente, me decían que eso no era lo que ellos creían y nunca criticaron nada de los temas que proponíamos como conversación. Nunca nos dieron un "bibliazo" por la cabeza.

FLAMANTES CAMBIOS

María Laura visitaba a su amiguita y, con el tiempo, empezamos a notar que había comenzado a cambiar su forma de ser. Era más abierta, siempre estaba contenta, muy risueña, menos renuente a lo desconocido. Pensábamos que lo que había ocasionado ese cambio era la compañía de sus nuevas amiguitas.

Un día, Erma Lovell la acompañó a nuestro departamento y conversamos lo siguiente:

—"'Marita' quiere venir con nosotros a la iglesia este viernes, ¿te molestaría? Pues nosotros somos evangélicos".

—"Para nada, de ninguna manera que me va a molestar. Es más, de hecho, el próximo viernes vamos a acompañarlos también".

Inicialmente, yo confundía a los evangélicos con los evangelistas, que es como decir que los católicos son "catoliquistas".

Bueno, y sucedió. Fuimos a la iglesia para celebrar el Viernes Santo, en una congregación y un servicio diferentes a lo que conocíamos y en el cual ministró un rabino de Jews for Jesus (Judíos para Jesús), el reverendo Peter Colón. Nos gustó y volvimos a ir para la ceremonia del Domingo de Ramos.

"Marita" estaba muy contenta de participar en las reuniones de la iglesia a la que asistía Michelle, le gustaban mucho. También, hay que reconocer que tener tantas amigas en comparación a sus hermanos era muy atractivo.

Conversábamos mucho con "Lito" y Erma Lovell, y siempre vi en ellos a una familia con la misma problemática que tienen todas las familias. Nunca nos ocultaron la realidad con la que estuvieran lidiando, incluyendo las de sus hijos. Nunca se mostraron perfectos.

"No te muestres perfecto, porque se va a notar".

Y fue precisamente por esto que, en algún momento, pregunté: "¿Qué tienen ustedes?". Porque habían pasado cosas en su familia, obviamente, pero las habían resuelto de una manera distinta a lo que había conocido. Inmediatamente, dijeron: "Jesús es la diferencia", y, así, en julio de 1995, después de tres meses de discipulado personal con Orville y Erma Swindoll, Patricia y yo pasamos por las aguas del bautismo y, hoy, seguimos caminando con Dios.

Y todo porque una familia se acercó, nos dio amor, nos cobijó en la necesidad, no nos despreció, no nos discriminó ni nos corrigió. Simplemente, nos conoció. Y ellos se dejaron conocer y, además, nos presentaron el Evangelio.

Una vez que nosotros fuimos bautizados, para los chicos fue un camino muy fácil conocer y aceptar a Dios.

> "Seguramente ellos salieron de la zona de
> confort para entrar en nuestras vidas".

Orville fue misionero en Argentina, desde donde fue enviado a misionar a su propio país. Participó activamente en la Renovación Carismática en Argentina entre los años 70 y 90, y fundó, junto a otros colegas, el grupo de iglesias denominadas Comunidad Cristiana.

Fue la persona que Dios había preparado para que me hablara y para que, con su esposa, me diera su tiempo. Nosotros contamos con lo mejor de ellos. Recibimos una preparación única para la vida cristiana. Una iniciación a la vida cristiana sin prejuicio alguno y una vida llena de una palabra y una dirección divinas. Nunca con una condena, siempre con buen ánimo y siempre edificando.

Descansando en la Palabra

Sin saberlo, en México, en 1990, habíamos empezado el camino de conocer al Señor y, cinco años después, en Miami, en 1995, se cerraba el círculo al aceptarlo como Señor y Salvador de nuestras vidas. Nunca pude encontrar al misionero Richard Reinbold para agradecerle por la semilla que había plantado en México. Efectivamente, como él anticipó por fe, dio fruto.

> "Hay que honrar y agradecer a
> quien planta la semilla".

El Salmo 126:6 dice: "El que llorando esparce la semilla, cantando recoge sus gavillas". Entonces, descubrí un propósito en ello, pues los chicos crecían en un grupo saludable, se formaban en armonía y las cosas tomaban un buen rumbo. La frustración se convirtió en esperanza.

Dios había armado el rompecabezas completo. Alineó las fichas y organizó todo como solo Él sabe y puede hacerlo. La situación personal, matrimonial, familiar, espiritual y laboral estaba en su mejor momento.

Lo destacable de todos estos cambios es que el ensamble perfecto lo había hecho el Señor con un fundamento y en un proceso: entrego mi vida a Jesús, lo recibo como Señor y Salvador y descanso en su Palabra. Ya no me preocupaban más las confabulaciones en mi contra y hasta empecé a arreglar todas las cosas con estas personas y comencé a dar testimonio de lo que había acontecido en mi vida. Recuerdo que en una reunión organizada en Cartagena, Colombia, con el equipo regional de ese país y el de Argentina, pude presentarles el testimonio de mi conversión a pesar de ser muy nuevo en el Evangelio.

Laboralmente, para ese entonces, la situación de la organización era completamente diferente. En la compañía, yo estaba a cargo de todas las operaciones y era el enlace con la junta directiva de accionistas. Recuerda que yo había venido con mucho miedo de ser despedido, pero ahora, vienen las paradojas de Dios: ya no me despiden, y soy yo quien renuncia. Es distinto tener miedo a ser despedido que renunciar para servir a Dios.

Llegué a Miami en octubre de 1994, me convierto en marzo del 95, me bautizo en julio de ese año, empiezo a dar testimonio a principios de 1996 y seguí trabajando en la editorial hasta principios de 1997.

Ya estábamos en nuestro Nuevo Testamento, dando testimonio de lo verdaderamente importante: Jesucristo.

"Siempre debemos tomar decisiones, pero recuerda hacerte algunas preguntas: ¿por qué lo hago?, ¿a quién beneficio?, ¿cómo afectará a los que me rodean?".

MI NUEVO TESTAMENTO

Ofrendando el talento a Dios

Estando en Miami, evaluando la forma en que este cambio afectaría mi vida, mi familia y mi trabajo (todo para bien, claro), y reflexionando sobre lo que estaba sucediendo, me dije: "Esto no puede ser casualidad". No podía ser que el Señor me hubiera movido desde Argentina hasta México y me presentara su Palabra, que yo desprecié por cierto, para, luego, llevarme a Miami, para volverme a presentar la Palabra y permitirme encontrar esta paz que jamás había conocido. Definitivamente, decidí que no podía volver a lo de antes y debía caminar con un propósito distinto.

De modo que comenzamos a orar con unos hermanos en un grupo pequeño de oración los jueves, y mi oración era que el Señor usara mis talentos para bendecir a otros, para bendecir al Reino de Dios.

"Señor, usa mis talentos para el Reino".

Y Dios contestó la oración. Pero, ¿sabes?, Dios no contesta con la expectativa que uno tiene. Él nunca deja de contestar la oración, pero la responde en su tiempo y a su manera. Él, y solo Él, sabe lo que es mejor para todos. Yo le podía haber dicho: "Señor, usa mis talentos poniéndome en la misma posición en otra empresa del reino" o "Hazme ascender en una empresa del reino" o "Búscame otra posición en la que gane más salario en una empresa del reino". Pero Dios respondió la oración de una manera completamente diferente.

En el grupo de oración participaba el pastor Alfonso

Guevara, quien, en ese momento, era el representante de ventas de Editorial Vida para Sudamérica, empresa que era la división en español de Zondervan. La actividad de esta editorial consiste en publicar biblias, libros, devocionales y otros recursos.

Alfonso comentó que estaban haciendo entrevistas para contratar personal. Me pidió ayuda para hacer la estrategia de un plan de trabajo. El fin de semana lo ayudé, trabajamos juntos y él lo presentó.

Días después, me dijo: "Esteban, están buscando al director de Mercadeo y Ventas para toda la organización. ¿Te animarías a postularte?".

La pregunta me puso a pensar. En ese momento, yo estaba a cargo de 15 o 20 países, era el "número uno" y tenía un buen salario. Lo que me ofrecían era un título menor con un salario menor y con menos personas a cargo, aunque sí era en el Reino de Dios.

Decidí hablar con dos personas claves: mi esposa y mi pastor. Primero, lo hice con mi esposa, por ser mi esposa y porque ella siempre ha sido el motor y el empuje detrás de mis decisiones. Y al comentar el tema con Patricia, quien al igual que yo estaba recién convertida, ella me miró y, como siempre lo hace en estos casos, sin dudar, me dijo: "Esteban, ¿no has estado orando para esto? Y bueno, si tenemos que sacrificarnos, lo hacemos. Achiquemos el presupuesto, porque el Señor está abriendo esta puerta".

¡Caray! Qué mujer de Dios. Cómo la amo y la admiro.

EL MEJOR CONSEJO DE MI VIDA

Inmediatamente después, busqué la oportunidad para encontrarme en un almuerzo con el pastor Orville. No recuerdo quién pagó ese almuerzo, pero si fui yo, indudablemente puedo decir que ha sido la mejor inversión de mi vida. Me dio el mejor consejo que pudiera recibir, el consejo de mi vida.

Era octubre de 1996 y me dijo: "Esteban, hace un año y un poquito más que estás caminando con el Señor. Vienes caminando muy lindo, lo único que no quisiera es que lo que veas dentro de la iglesia o dentro de la industria cristiana te haga retroceder en tu fe".

Este, sin duda, ha sido el mejor consejo que me pudo haber dado.

Así pues, aceptamos el cambio y, en casa, ya resueltos y en unidad, decidimos ajustar nuestro presupuesto porque el Señor estaba abriendo esta puerta. Fui e hice la entrevista y todo el proceso de selección y, en enero de 1997, me ofrecieron la posición de director para el área de *marketing* y ventas de Editorial Vida con un salario menor y un título menor, pero con un horizonte adelante y con el favor de Dios ahora ya impreso con un sello en la frente.

Continué creciendo espiritualmente con el pastor Orville en la iglesia. Pasé los primeros dos años estudiando en la Escuela de Ministerios que él dictaba. Completé los cursos del Antiguo y del Nuevo Testamento, los panoramas completos de toda la Biblia y los de la persona de Jesucristo. Estudié, además, eclesiología, discipulado, Evangelio del Reino, a todos y a cada uno de los evangelistas, a todos los apóstoles y mucho más; en fin, todo lo que se necesita para formarse y crecer en la vida cristiana.

Me preparé, pero como siempre, sin saber que Dios me estaba formando para un llamado distinto. Todo este proceso era parte de un camino mucho mayor que se abría, pero que involucraba la decisión de sacrificar nuestro estatus actual.

"Cuando quieras algo nuevo, sacrifica lo que tienes".

A partir de allí, todo se dio vuelta. Después de recibir la propuesta de Editorial Vida, debí decirles que si querían que yo empezara a trabajar con ellos, necesitaba tres meses de tiempo antes de asumir mi puesto, pues aún seguía vinculado con la revista. Además, yo no podía dejar imprevistamente la posición de "número uno" de una empresa donde había estado 20 años. Esto sería como salir por la puerta de atrás, como salir a escondidas con mucho que ocultar, y no era así.

Yo tenía que hacer un cambio cultural y quería que supieran que si yo era importante para ellos, me podrían esperar. Me dijeron que estaban de acuerdo, que no había ningún problema y que esperarían hasta marzo. La única condición que me pidieron era que debía ir una vez por semana durante esos tres meses. Iría un día por semana y me empezarían a pagar. Así que en marzo de 1997 fue la fecha oficial de cuando ingresé oficialmente en Editorial Vida.

Ya con todo claro y resuelto, pedí hablar con los dueños de la revista y los invité a un desayuno en el que les dije: "No me ofrezcan más dinero, no me ofrezcan otra posición, porque me voy para una posición inferior y por menos dinero, pero me voy. En tres meses, me voy. Renuncio. Si quieren, puedo irme ya, o podemos trabajar en la transición".

Primero, no me creyeron. Me contestaron: "¿Cómo, por menos dinero?". Entonces, les hablé en detalle sobre mi convicción de seguir a Dios. Y me respondieron: "Si es así, está bien".

Aceptaron mi decisión, pero me pidieron hacer la transición y, así, lo hice. Una transición ordenada. En marzo, terminaba mi labor en la revista e iniciaba la nueva en Editorial Vida.

Fue, entonces, y para mi sorpresa, que ellos me preguntaron: "¿Podrías quedarte como consultor externo con un contrato hasta septiembre?". Resultó que, en ese entonces, estaban negociando vender la revista a un grupo económico muy grande y necesitaban mi aporte y experiencia. Acepté e, incluso, debí viajar a Chile y a Perú con ellos. Esta labor me la pagaron como consultoría externa. Esto fue perfecto para mí.

Durante la transición entre compañías, estuve como asesor de Vida mientras continuaba en Visión y estuve como asesor de Visión cuando entré a Vida.

Aquí quiero destacar algo importante: nunca tuve que "sacrificar" materialmente lo que había sacrificado en mi corazón, porque en septiembre, en la ciudad mexicana de Cancún, el entonces presidente de Zondervan me dijo que, en enero, no habían contratado al director de Ventas y Mercadeo, sino al presidente de la Editorial, ya que encontraron, en mi *curriculum vitae*, ciertas características por las que habían estado orando y eran necesarias para cubrir esa posición. Qué inmensa paz sentí al saber que las características de las que me hablaba el presidente de Zondervan le habían sido mostradas por el Espíritu Santo.

Entonces, cuando se acabó el contrato de consultoría con la revista, se me "restituyó" la posición y el dinero, porque el dinero que "faltaba aparentemente" en la posición aceptada como director de Ventas y Mercadeo, había sido cubierto por las consultorías.

Así, empezaron más de 10 años en Editorial Vida, pero te repito: sacrifiqué en el corazón, pero materialmente, el Señor suplió. Nunca se materializó la reducción del salario. Se me ocurre pensar que Dios lo hace con todo el mundo. Siempre restituye cuando hay obediencia. Hay muchos ejemplos en la Biblia, pero lo más rápido que me viene a la mente es Abraham. Hizo el sacrificio máximo de entregar a su hijo en obediencia, y el Señor le dijo, en pocas palabras: "No hace falta el sacrificio, he visto tu corazón", y proveyó el cordero para el sacrificio (Génesis 22).

Es, en nuestro corazón, que revelamos obediencia. Dios provee siempre.

Historias de vida

Editorial Vida

Cuando entré a Editorial Vida, tenía un inglés terrible, muy malo, combinado y exacerbado con un ego muy grande. Para corregirlo, debí subir el nivel de inglés, mientras bajaba el nivel del ego.

Sabía el inglés básico del colegio y, en México, tomé clases. Pero debía dominar el idioma.

Recuerdo especialmente que cuando volví de la entrevista que hice en Grand Rapids, Míchigan (EE. UU.), con Bruce Ryskamp (quien sería mi superior), me impactó muchísimo su personalidad y me sorprendió especialmente el hecho de que una persona de tan alta posición organizacional se atreviera a confiar en alguien que tenía las condiciones para manejar lo que él necesitaba, pero con quien no se iba a poder comunicar bien.

Pero él se atrevió y, por ese atrevimiento, sacó la compañía adelante. Él lo tenía claro: no buscaba un traductor ni un intérprete, estaba buscando un ejecutivo en publicaciones que entendiera el mercado hispano, y eso sí yo lo podía ofrecer.

Seguí esforzándome en mejorar mi inglés y lo fui logrando cada vez más hasta alcanzar un buen nivel. Fue difícil aprender un idioma desde casi cero conocimientos y a la edad de 37 años. Me costó, pero lo saqué adelante.

Más complicado resultó trabajar en mi ego que trabajar en el idioma.

El trabajar con ciertas personalidades mundiales te va inflando el ego, además, presumía para mí que me "comería" esa institución. Sabía cómo hacerlo y tenía un gran respaldo de conocimiento y experiencia.

¡Ja! Nuevamente, el Señor intervino y me sometió a un proceso de trituración fina, como lo describe magistralmente el pastor don Ignacio Guevara (hoy, en la presencia del Señor), en su libro *Olivas machacadas.*

El Señor va poniendo esas olivas en un triturador y las va machacando poco a poco y, entonces, va sacando lo que sobra. Al ir machacando, se va separando el bagazo y queda el zumo. La correlación es que el bagazo es el poder, es lo artificial, y queda descartado, queda afuera de la prensa. En la prensa y bajo presión, solo sucede una cosa y nada más: te conviertes en aceite o no pasas por el filtro. Siempre hay que tener cuidado de los tratos de Dios. Yo defino, al final de este libro, la expresión un "gordito con poder".

En aquel momento, Editorial Vida era la editorial más grande en el mundo hispano, aunque no la más antigua. En 1997, cumplió 51 años de existencia, pues fue fundada en 1946 por el Departamento de Misiones de las Asambleas de Dios.

Llegué a Editorial Vida en 1997. Recuerda que en marzo inicié formalmente mi vinculación. Editorial Vida realizó su conferencia anual de ventas en septiembre y, allí, se comunicó mi nombramiento como presidente.

¡Cómo me costó entender la nueva dimensión cultural! Le pedí al presidente de Zondervan, mi contratante, firmar un contrato de trabajo por tres años. Él me explicó que ellos se movían por confianza y que la empresa no daba estos contratos, que lo tomara o lo dejara. Acepté el desafío. También, pedí los estados financieros y me respondieron que luego de que aceptara el puesto, me harían entrega de los mismos.

Tiempo después, comprendí por qué. Es posible que si los hubiese conocido con anterioridad, probablemente no hubiese aceptado el cargo.

Cuando recibí la editorial, contaba con 34 empleados de planta y pérdidas anuales de 1.7 millones de dólares. Tenía, además, un edificio en la ciudad de Deerfield Beach, en Florida, que había quedado de la fusión entre Zondervan y Editorial Vida.

En el edificio, funcionaba un ministerio, que después se escindió, de quien entonces era el presidente de la editorial, Bob Hoskins.

Este hombre fue un misionero muy reconocido que usaba el *Libro de vida* (*Book of Life*), material de enseñanza para llevar la Escritura a niños y jóvenes alrededor del mundo, y que pasó a llamarse *Libro de esperanza* (*Book of Hope*) y, ahora, *One-Hope*. Es este un precioso ministerio con el cual tengo el gusto de trabajar mano a mano en la actualidad.

"Cuando vuelvas a encontrarte con alguien que no esperabas, no digas: 'El mundo es un pañuelo', di: 'Dios es muy grande'".

Toda la infraestructura en maquinaria, imprentas, bodega y demás, ubicada en la parte baja del edificio, nos quedaba muy grande. No era viable para nosotros mantener todo eso y, definitivamente, estábamos sobredimensionados, porque el Ministerio del Libro de Vida se separaba de Editorial Vida.

Hubo que cambiar todo el paradigma. La primera decisión fue dejar ir a mucha gente y dar la cara. Inicialmente, junto con los empleados, tuvimos que alinear fortalezas y debilidades. Eso sí, la fortaleza más grande que teníamos era que pertenecíamos a un grupo económico muy grande (Zondervan), con sede en Grand Rapids, Míchigan, que contaba allí con unas bodegas impresionantes, lo que hacía innecesario duplicar toda esa infraestructura, incluidos el personal de bodega y de servicio al cliente. Por otra parte, el haber mirado a la gente a la cara dándoles explicaciones y nunca escondiéndome, sino tomando decisiones difíciles con integridad, hizo que el equipo no se desanimara. Fue un proceso difícil, un proceso de reestructuración, donde pasamos de ser 34 personas a 24, al principio.

> "Nunca es difícil tomar decisiones difíciles cuando se hace con integridad".

Pues bien, sigo. Finalmente, vendimos el edificio en Deerfield Beach para movernos a Miami. Para el año 1998, rentamos en la ciudad de Doral, cerca del aeropuerto de Miami, unas oficinas muy grandes. Hicimos la reinauguración en la feria de *Expolit*, que es un evento de comunicaciones y punto de encuentro anual de amplia difusión en el mundo cristiano que se realiza en Miami.

Me tomó un año completar esa logística por lo que, durante ese tiempo, tuve que trasladarme diariamente desde Country Walk, en el Sur de Miami, hasta Deerfield Beach. Nos turnábamos para conducir los compañeros que venían de esa zona de Miami. Nos llevaba 2 horas para ir y dos horas para regresar. Gracias, Alfonso y Milton.

La decisión de trasladarnos fue meramente empresarial: aunque Deerfield Beach es un lugar muy lindo para vivir, habíamos resuelto atender muy bien el mercado latinoamericano. Lo obvio era estar en el Sur de la Florida y no en el Norte. Si hubiese sido al revés, me hubiese mudado yo, pero realmente, la decisión era posicionar bien a Editorial Vida. Más que una empresa estadounidense, queríamos ser una empresa con corazón latinoamericano y esto verdaderamente me apasionaba.

En esa primera etapa, fuimos 24 las personas que llegamos a la sede en Miami. No tardamos mucho tiempo en ver que había otras áreas que necesitaban ser reestructuradas en la compañía. No teníamos mucho margen para crecer en ventas, ya que el mercado era muy competitivo. Allí, actuaban editoriales fuertes como Unilit, Caribe-Betania, Broadman & Holman, nacían Editorial Peniel, Casa Creación, Portavoz, Mundo Hispano, entre otras. Nosotros teníamos un lugar en ese segmento y había que tomar algunas decisiones que empezaran a dar buenos resultados a los accionistas y dueños de Zondervan.

Los cambios se hicieron de acuerdo con un plan de rescate de la compañía. Pusimos metas de austeridad y nos adecuamos al tamaño que necesitábamos tener. Redujimos inventarios, cuentas por pagar, deudas, transferencias. En el primer año (97–98), fue cuando tomamos las decisiones más drásticas. Como resultado de una mejor operatividad y de la reducción de costos, mejoramos nuestra productividad sin perder la participación en el mercado. Pudimos lograr, así, resultados extraordinarios, y la mejoría del primer al segundo año (del 98 al 99) fue fantástica.

"Cuando uno está en el piso,
crecer no es un obstáculo".

Sobrevino, entonces, una etapa de crecimiento que nos motivó a hacer más cambios. Para el segundo año, vimos que toda el área de administración básica, contabilidad, facturación, control de inventarios, producción, podía depender de la casa matriz sin perder operatividad, sino, al contrario. Esto nos llevó a reducir el equipo a 14 personas.

Obviamente, el negocio cambió de forma y eso, también, tocó mi ego, ya que, básicamente, en dos años, pasamos de una plantilla de 34 empleados a 14. Estaba dirigiendo una compañía pequeña en número de personas, pero eso sí, definitivamente, mucho más sana. En este caso, el tamaño no era realmente una dificultad.

Si bien no habíamos recuperado la pérdida, llegamos a un punto de equilibrio y, en el año 2000, empezamos a producir una pequeña utilidad.

Estábamos en una situación diferente, arriba, con la cabeza afuera del agua, y la trayectoria fue positiva. A la gente de Zondervan, en Grand Rapids, le agradó la labor. Era una coyuntura en la que estaban dispuestos a apoyarnos en todo.

De hecho, ellos habían comprado la empresa en aquellas condiciones, pero no eran ciegos. Se me ocurre pensar que habían comprado la compañía por varias razones, principalmente porque Editorial Vida posee la licencia en español de la Nueva Versión Internacional (NVI). Ellos ya tenían los derechos en inglés para la New International Version (NIV) y tenía mucho sentido ser los dueños de ambas bajo el mismo sello editorial.

Consejo pastoral

En este camino que recorrimos, todas las decisiones se pensaron, oraron e hicieron con total integridad. La primera decisión que tomé fue ponerme bajo cobertura.

Quiero recordarte que yo era un cristiano "recién convertido", con apenas dos años en el Evangelio. En este caminar con Dios, me había sido dada la responsabilidad de tomar la compañía editorial más grande y una de las más antiguas en el mercado hispano cristiano después de Casa Bautista de Publicaciones (Mundo Hispano).

Era el año 1998, pedí dirección y Dios me habló. Me dio una enorme paz interior y me inspiró una gran idea: formar un cuerpo de hombres que me diera cobertura. Lo llamamos Consejo Pastoral de Editorial Vida.

A pesar de ser una editorial comercial, se integró a un grupo de hombres de Dios notables, extraordinarios. Estos siervos de Dios fueron el pastor Edwin Santiago, el pastor José Silva, el pastor Luciano Jaramillo, el pastor Ramón Justamante, el pastor Orville Swindoll, el pastor Ricardo Loguzzo y, en el año 2000, se incorporó el pastor Darío Silva-Silva. Eran pastores de diferentes denominaciones, había presbiterianos, bautistas, de Asambleas de Dios, de iglesias independientes, de la Iglesia Cuadrangular y de la Iglesia Cristiana Integral, es decir, de todos los sectores.

Nos reuníamos dos veces por año, en esa junta les mostraban los estados financieros de la compañía y conversábamos del estado espiritual de los empleados y del mío también. Desde el primer día, les dije que podían preguntar lo que quisieran. Ellos me ayudaban en la elección de los títulos y conocían de antemano los contenidos y la temática de los libros a publicar. Por su experiencia y aporte, se empezó a vislumbrar un aire diferente en Editorial Vida, porque el mismo consejo fluía como promotor de algunos eventos y esto derivó en una plataforma diferente.

Empezábamos a mejorar nuestros números e iniciábamos el camino del crecimiento. Pero ese camino en subida tenía un riesgo y lo estaba corriendo sin notarlo.

"También hay riesgo en el camino ascendente".

Si bien yo era un cristiano nacido de nuevo, venía con más de 20 años de experiencia en comunicaciones, con mucho éxito empresarial y concluí, equivocadamente, que podía manejar perfectamente todo lo inherente a mi cargo y funciones.

Pensaba que mi contribución era importantísima para la empresa y empecé a creerme que todos los frutos que íbamos alcanzando tenían mucho que ver con mi capacidad y con las decisiones que había tomado. Era "YO" quien lo estaba haciendo y a quien le atribuirían los logros, y no caí en la cuenta que no tomaba a Dios como parte de mi logro laboral. Había permitido a Dios ser mi amigo y mi guía y reconocía que era Él quien siempre había tenido el control y manejo total de mi persona. Pero respecto a los logros empresariales, no tenía la misma consciencia, pues para mí, era lógico y deducible que las cosas que estaban pasando en la empresa eran a causa natural de mi talento. Me empecé a desenfocar. Y así, en el camino de subida, uno empieza a mirar a los lados y a percatarse que otros también existen. Es decir, que el juego era de muchos jugadores y no estaba solo con el tablero.

Mirando a otros

A medida que íbamos progresando, observaba que nosotros éramos muy grandes, pero Editorial Unilit y Caribe-Betania se llevaban los mejores premios en *Expolit*. En aquel tiempo eran los más relevantes de la industria.

Ellos no tenían mayores cifras de ventas que nosotros que éramos el número uno. Nosotros teníamos el primer lugar no por los títulos individuales, sino por lo extenso de nuestro catálogo y por la distribución del material para escuela dominical de las Asambleas de Dios. Ambas cosas, por sí solas, representaban una suma cercana a los dos y medio millones de dólares de ventas anuales.

Pero los títulos que nosotros publicábamos vendían 11 000 o 15 000 ejemplares por año. Un título bueno eran 20 000 ejemplares. Había muchos títulos, pero la inmensa mayoría era lo que se llama en esta industria "backlist", o sea, títulos que todos los editores desean tener. Eran títulos de catálogo que ya habían amortizado todos los costos y, todavía, seguían vendiéndose. En su mayoría (45%), eran libros de estudio y, cada vez que alguien empezaba en un instituto bíblico, buscaban nuestro material, ya que lo teníamos disponible. Libros clásicos para un instituto bíblico como *Pentateuco, Libros proféticos, Eventos del porvenir, Teología sistemática,* eran publicaciones que siempre iban a tener demanda, pero vendían 12 o 15 mil ejemplares. No habíamos aún logrado un éxito de ventas y a mí me estaba faltando eso. Era la plataforma para decir: "¡Guau!".

Recuerdo que en el año 2000, Editorial Unilit publicó *La oración de Jabes* y vendieron 250 mil ejemplares en un año, eso que me tocó profundamente. Me preguntaba qué pasaba, no le encontraba sentido, porque estábamos yendo para arriba, "pero afuera no se percibía". ¿Quizás no nos mostrábamos muy bien? Claro que hacíamos la tarea, pero faltaba el reconocimiento. Yo buscaba más reconocimiento que logro y hay una diferencia muy grande entre logro y reconocimiento.

"No confundas logro con crédito".

Entonces, por buscar el reconocimiento, me quedé mirando a otros. ¿Qué hacían Caribe-Betania, Unilit y todos los demás? Y bueno, ¿por qué yo no? Y eso me fue frustrando aún más. Me sacó de mi fortaleza. Hubo momentos en que les dije a los colegas, y era un tema recurrente en nuestras reuniones: "¿Cuándo podremos tener un libro que venda 250 mil ejemplares? A ver, respondan. ¿Cuándo podremos publicar un libro que venda 250 mil ejemplares?". Y lo repito porque realmente lo repetí mucho y eso es importante, ya verás por qué.

Finalmente, la editorial salió a flote sin ese reconocimiento, pero salió a flote.

No obstante, en el año 2001, sobrevinieron las crisis de la mayoría de las economías latinoamericanas. Así sucedió en Venezuela y, también, en Argentina, donde el dólar pasó de valer $1 a valer $4, por una estrategia llamada "corralito" (decreto que restringió retirar dinero en efectivo de los bancos).

Nuestras cuentas a cobrar llegaron a caer al 25% de su valor original. Esas deudas a cobrar en dólares, tuvimos que dividirlas entre cuatro. Perdimos mucho dinero.

Una noche de marzo de 2002, me quedé trabajando hasta tarde, alistándome para el cierre del año fiscal de junio y, justo en ese momento, recibí un fax. Contenía nuestros estados financieros y estos mostraban que en un solo mes habíamos perdido 300 mil dólares por todos esos ajustes incobrables. De nuevo, de un plumazo, en un abrir y cerrar de ojos, nos habíamos ido a pérdida.

¡Ni te cuento las cosas que pensé! Las ventas eran mías y quería más, las pérdidas también eran mías, pero de estas, quería menos. Sin embargo, gracias a Dios, que trabaja en lo que necesita nuestro corazón, todo volvió a su lugar.

Todo vuelve a su lugar

Me sentía muy cansado, las fuerzas no me daban. Había trabajado tres años y medio como un salmón nadando río arriba. Deseaba alcanzar la meta que me había propuesto, el reconocimiento, pero este no llegaba. Como si eso fuese poco, ahora, los logros también se venían abajo. La estructura se desmoronaba y empezábamos a perder nuevamente.

Salí para la casa, tomé la autopista y dije una frase que me es memorable hasta hoy, porque fue cuando Dios empezó a poner las cosas en su lugar nuevamente: "Señor, si esta empresa fuera mía, yo tendría que declararme en bancarrota". Inmediatamente, sentí una convicción en mi interior. Era Dios hablándome y diciéndome: "Arrepiéntete, que eso es orgullo".

Contesté: "No, Señor, no te estoy diciendo que me va muy bien, te estoy diciendo que me va muy mal, que en este mes perdimos 300 mil dólares". Y Dios me dijo de una manera suave, pero que fue una bofetada muy fuerte: "Ahí está tu orgullo, porque si cuando las cosas te van mal, el problema es tuyo, cuando las cosas te vayan bien, la gloria te la vas a llevar también tú, y yo quiero decirte que soy el Señor de Editorial Vida, en las buenas y en las malas, y que no comparto la gloria con nadie".

Me costó tomar aire y empecé a llorar inconsolablemente. Detuve el auto y llamé a Patricia para contarle. Le dije: "'Pato', mira lo que me dijo el Señor. Oremos, pidamos perdón; fui un orgulloso. Llevé una carga que no era mía para robar una gloria que no era mía". Y allí mismo, pedí perdón.

Luego, agregué: "Señor, tienes razón, esta empresa es tuya, no es mi problema si perdimos 300 mil dólares. Tú sabes cómo se están manejando las cosas, yo doy lo mejor y voy a seguir dando lo mejor. Pero esto es tuyo. Señor, a partir de ahora, yo no me dedico más a empujar ventas, a buscar autores, a incorporar negocios, yo me voy a dedicar a las cosas que a ti te importan. A partir de 'ya', me dedico a cuidar a tus pastores, a darles entrenamiento, a darles material, a viajar por Latinoamérica y a dar seminarios donde nadie va, ciudades remotas, en escenarios chicos, con audiencias pequeñas en número, pero grande en valor. Voy a usar todo el mercadeo de la compañía para ir a tocar los lugares menos afortunados e ir a alcanzar a los pastores que a ti te interesan".

Y fue de esa manera, fue a partir de ese momento, que inicié la cancelación de los anuncios y la publicidad en todas las revistas y programas de radio. La inversión de *marketing* la reenfoqué completamente y dediqué mi interés a los eventos y a los pastores. Empecé a producir material para ellos, para esos seminarios, para dejarles algo que les ayudara a evangelizar y a prepararse.

Así, nacieron los videos que hicimos en Rusia, la famosa aventura de las películas y todas esas locuras preciosas que hicimos para Dios. Produje dos películas con Dante Gebel, una con Moisés Angulo, Ana María Kamper y Ana María Estupiñán y muchos otros.

Gané con ellas algunos premios, como el águila de ARCA (Academia de Ciencias y Arte Religioso) y un ARPA en México. Fue espectacular, porque innovamos en la industria cristiana, sentando un precedente: nada de esto era para producir ingresos.

Por otro lado, Vida Music era una marca, un sello en la industria de la música que pertenecía a Editorial Vida. Contábamos con cantantes como Marcos Vidal, René González, Roberto Orellana, Jaime Murrell, Daniel Calvetti, Álex Campos, Doris Machin, entre muchos otros.

Incluso en este segmento de la industria musical, Vida Music tenía un catálogo de lujo, pero no representaba en ingresos lo que nuestra casa matriz deseaba. Pero notablemente, luego de este encuentro con el Señor camino a casa, hubo un Disco de Oro obtenido por un *CD* de alabanza y adoración de Piedra Angular. ¡Más de 500 mil unidades vendidas!

Valga aquí un poco de autocrítica, pues por buscar el éxito "numérico", no estaba cuidando bien, como responsable final, las puertas de la empresa.

El Señor tuvo que confrontarme a través de ministros muy respetados para que "cuidara las puertas" en vez de "buscar el éxito de otros". Tuve que pedir ayuda al Consejo Pastoral y tomé la decisión de cerrar el sello discográfico.

Pero a pesar de ello, doy gracias a Dios por haberme permitido conocer a tantos autores y cantantes extraordinarios con los cuales sigo en franca amistad.

"No te distraigas: el líder debe cuidar las puertas".

PROMESAS A DIOS

Un año después de esa conversación con Dios, el Señor trajo a Editorial Vida un título escrito por el pastor Rick Warren, llamado *Una vida con propósito*.

Zondervan lo había publicado en inglés y le correspondía a Editorial Vida publicar la versión en español. Lo tradujimos conjuntamente con mi querido amigo, David Fuchs. Ese libro no vendió 250 mil ejemplares, vendió 2.5 millones. ¡Diez veces más!

El Señor tuvo primero que cambiar mi corazón. A Él no le costaba nada darme 250 mil o 2.5 millones de ejemplares, pero definitivamente, tenía que cambiar mi corazón porque, si no, la gloria hubiese querido llevármela yo. Lo más probable es que yo hubiera dicho: "Mira al autor que elegí; mira qué bien lo traduje". Esto no es así. Esto es el mover del Espíritu Santo.

Mi cambio de actitud llevó a que yo empezara a bendecir a la Iglesia y el Señor empezara a bendecir a la editorial de forma tal que, después de *Una vida con propósito*, se cuadruplicaron nuestros ingresos. Dios dio la vuelta a la situación, pero tuvo primero que darme vuelta a mí. Si no hubiese hecho eso, hubiéramos estado siempre en rojo.

Llegado el año 2008, tomé la decisión de retirarme. Al pensar en renunciar, la empresa había cuadruplicado su facturación y daba una utilidad anual por encima de 1.2 millones de dólares.

"Es muy bueno salir cuando las cosas andan bien, en vez de complicarlas por tratar de perpetuarse".

Salida de Editorial Vida

Dejé la editorial porque el Señor ya me lo había dicho dos años antes, cuando empecé en todo este proceso de hablar con él.

En el 2005, yo formaba parte del Concilio Global de Iglesias Casa Sobre la Roca Iglesia Cristiana Integral (Casa Roca ICI), presidida por el pastor Darío Silva-Silva. Con él, estábamos viajando a todas partes del mundo los pastores Luciano Jaramillo, José Silva, Edwin Santiago y yo.

El pastor Darío tuvo un sueño: crear en Miami la Catedral sobre la Roca, replicando el modelo que practicaba en su congregación colombiana y, desde Miami, exportarla al mundo.

Me enamoré de su sueño y me enamoré no solo de su sueño, sino también de su visión por los hogares para niños desamparados y todo lo que eso representaba.

En el 2006, poco después de aceptar la vicepresidencia del Concilio Casa Roca y mientras seguía trabajando en Editorial Vida, el Señor empezó a incomodarme y a animarme a lanzarme al ministerio a tiempo completo.

En junio del 2008, decidí dejar Editorial Vida. Sabía que tenía que renunciar, pero todavía no lo había hecho.

Cierto día, me llamaron de la casa matriz y me dijeron: "Esteban, estuvimos revisando tus documentos y encontramos que nunca habías firmado un contrato de exclusividad con la compañía. Te vamos a mandar un contrato de tres años para protegerte a ti y para proteger a la editorial".

Corría el año 2008 y otro era el presidente de Zondervan. En el 2006, Bruce Ryskamp se había retirado, en la cima de su carrera, como lo haría yo dos años después, gracias a *Una vida con propósito*.

La persona que ahora estaba a cargo de Zondervan no sabía que cuando entré yo había pedido un contrato de tres años y que Bruce me había respondido que no. Analizando que la división hispana se iba fortaleciendo y que, supongo hoy, a su vez podría volverme un ejecutivo apetecible para el mercado laboral y ministerial, me notificaron que habían enviado el contrato por correo. Ese fue el detonante.

El día que recibí el contrato, llamé y les informé que no iba a firmarlo porque me iba a trabajar a tiempo completo a Casa Roca.

Lo que deseo señalar aquí es que mientras "en mi cabeza" pensaba que la seguridad me la daría un contrato, ese contrato nunca llegó, no lo tuve. Y cuando "no necesité" la seguridad del contrato, el contrato llegó. Ya comprenderás el significado espiritual de este hecho.

Inmediatamente, enviaron a un ejecutivo al que le confirmé mi decisión y le manifesté que no lo hacía por ninguna incomodidad (esa era la preocupación de su parte). Luego de las entrevistas por mi retiro, vieron que me iba en paz, tranquilo... y habiendo formado durante dos años a un sucesor.

El Señor empezó a hablarme en el 2006 y, *motu proprio* (voluntariamente), formé a una persona. Lo preparé como director editorial. Siempre hay que salir bien, ya que a uno lo recuerdan más por cómo sale y menos por cómo entra y, además, no era mi intención crear una crisis.

"El líder prepara a su sucesor
desde que acepta la posición".

Este ejecutivo de Zondervan me preguntó: "¿Qué harías para reemplazar tu vacante?". Sin dudar, le respondí: "Inmediatamente, nombraría a Lucas Leys. Él es la mejor persona que ustedes tienen dentro del grupo para presidir la editorial. Esto es así precisamente por su trato pastoral, por la relación con los medios, por ser autor y porque su conocimiento de la industria es el indicado".

Lucas lo ha hecho muy bien y ha traído muchas cosas buenas a Editorial Vida. Lo ha hecho mejor que yo, porque, a pesar de haber comenzado con un estándar muy alto, no solo lo ha mantenido, sino que lo ha superado por mucho. Humildemente, creo que la gente de Zondervan fue muy inteligente al escogerlo como presidente de Editorial Vida.

Recuerdo haberles dicho: "Vender puede hacerlo cualquiera, hacer *marketing* también, incluso, manejar la editorial. Pero muy pocos pueden tener relaciones con los pastores y tener carga por las ovejas. Él es uno de ellos. Tienen en él a una persona altamente preparada de antemano".

Así lo hicieron. Paradójicamente, ellos mismos me invitaron a ser parte del cuerpo pastoral de la editorial, que el Señor me permitió formar en mis comienzos en ella. ¡Qué caminos los del Señor! Entré a la editorial sometido a un cuerpo pastoral y salí como parte del mismo.

"Dios no escatima mimos y reconocimientos".

Dentro del trabajo de Lucas, destaco sin dudas la creación de LíderVisión, una convergencia anual para la pastoral latinoamericana, en la cual me involucro activamente.

"Un anónimo griego: 'La sociedad será mejor cuando los mayores planten árboles a la sombra de los cuales saben que no se sentarán'".

El cuerpo pastoral se disolvió cuando HarperCollins compró Thomas Nelson y decidieron unificar a Editorial Vida y Grupo Nelson dentro de una nueva división, denominada HarperCollins Christian Publishing.

Proceso de transición y aprendizaje hasta dejar el sillón

En esa época de gloria de la editorial, aprendí a poner en práctica una frase que usaba mucho en mis seminarios. Es una expresión de Harry S. Truman que dice: "Puedes lograr lo que quieras en la vida siempre que no te importe quién se lleve el crédito".

Dejé de pelearme por los títulos o por cuál era el sello, el artista o el autor que más vendía y aprendí a formar alianzas estratégicas, a trabajar por el "win-win", el "yo gano-tú ganas", e hice cosas impensables para mi vieja manera de pensar.

Un ejemplo de esto es lo que logramos mi compatriota y amigo Omar Daldi, dueño de la Editorial Peniel, y este servidor. Los últimos años de mi gestión en Vida y por lo menos cuatro años más durante la administración de Lucas, hicimos una alianza estratégica para distribuir, a través de Editorial Vida, todos los títulos de Peniel. Esto significó darle a Peniel nuestra fortaleza, es decir, la distribución, y tomar de ellos su fortaleza, que eran los autores carismáticos. Esta estrategia resultó absolutamente conveniente y muy buena para ambos.

Noté que cuando hay una visión en conjunto, compartir no es ningún problema. Al existir una visión en conjunto, todos pueden ganar. Aprendí a hacer amigos, a trabajar para otros, aun estando en la primera posición. Aprendí a promocionar otros sellos, incluso siendo el director o presidente del sello principal. Un verdadero "win-win". Omar quería hacer crecer su negocio internacional y nosotros, expandir títulos y autores.

Mientras tanto, siendo el presidente de una de las divisiones más importantes de la editorial, desconocía que el propio presidente de Zondervan estaba en negociaciones con una compañía estadounidense de la competencia para venderle una de las empresas del grupo, llamada Vida Brasil. Al enterarme, le hago caer en cuenta del error de entregarle el logotipo de Vida a la competencia. Se perdería la identidad.

Para mí, las relaciones deben ser transparentes y claras y, además, deben ser monógamas, inclusive en los negocios. Pensé, y sostengo, que mi jefe estaba violando estos dos principios, transparencia y fidelidad, y esto me llevó a reaccionar sin demora.

No podía entender ni aceptar que quisieran venderle una de las empresas del grupo a la competencia. Era Editorial Vida Brasil con la palomita del logo y todo. ¡Por favor! Me puse firme y me di a la tarea de buscar inversionistas que no fuesen competencia nuestra. Llamé a la puerta de Omar Daldi y le presenté esta oportunidad. Lo animé y logró adquirir la compañía. En la actualidad, le está yendo extraordinariamente bien con Vida Brasil.

Estos pequeños lazos solo los pone el Señor. Son pequeños platos que el Señor pone en la mesa para que todos degustemos, siempre que no te importe quién se lleve el crédito. Cuando así lo haces, Dios te permite ser efectivo y relevante.

Los estándares dobles confunden a la gente. Debemos ser de una sola pieza. Por ejemplo, una vez tuve un atractivo ofrecimiento de trabajo. Yo miraba permanentemente a Editorial Unilit y decía: "¡Guau! ¡Qué editorial!". Admiro a David Ecklerbarger y la forma en que levantó a Unilit partiendo de un sueño. Un misionero con corazón misionero que sabe hacer negocios, pero con la misión puesta en el horizonte.

Un día, David vino y me ofreció la presidencia de Editorial Unilit. Realmente, lo pensé. Fue un honor que se hubiera fijado en mí, pero ya tenía grabado el sello de Editorial Vida, no solo yo, sino toda mi familia. Aun 'Juampi', mi hijo menor, quien desde su primer año de vida participó en *Expolit*, tenía su camiseta con logo y todo. Él no me aprobaría compartiendo otra marca y yo, tampoco.

Dejando finalmente el sillón

Salir de Editorial Vida fue como la división de las aguas. En ese momento, caí en cuenta de quiénes "solo" querían al ejecutivo para que les publicara su libro. Aquellos que querían al amigo o al mentor no eran demasiados.

Muchos de los grandes siguieron su camino, otros me reprocharon y no me perdonaron el haber salido de su sello editorial. Quizás me necesitaban en esa posición para su provecho. Luego, fueron ellos los que tuvieron que pasar un proceso, ya que muchos encontraron valor en la medida en que mi posición les daba valor. Solo unos pocos me valoraron por lo que yo era.

Esto no fue ningún problema para mí. Yo seguí trabajando, armando proyectos, levantando los brazos de otros y soñando. Creo que, entre otras cosas, soy un motivador.

Apliqué algo que aprendí en mis mudanzas y que incluso usé para aconsejar a un conocido que se trasladó de Argentina a Miami. No sabía que él traía un enorme problema. Era algo serio y, para que veas como son las cosas divinas, no tenía mucha relación con esa persona, pero el Señor me dio una palabra para él.

Recuerdo haberle dejado un mensaje en su teléfono así: "Hola, soy Esteban. Sé que te estás mudando a Miami y quiero que sepas que puedes contar conmigo y con toda mi familia. A partir de este momento, estamos dispuestos para servirles. Y también, quiero darte un consejo: no revises los cajones porque puedes traer basura. La basura no la mudes; déjala allí".

Cuando te mudes, deja la basura en tu país o de donde vengas, porque la mejor forma de poder mudarse fácil y rápido, sin una carga pesada, es dejando lo malo atrás. Esa es la gran posibilidad que Dios te da de poder cambiar de posición, entorno, esfera o ambiente, para que lo de atrás lo dejes atrás.

No remuevas las piedras de un lugar a otro. Hay gente que se pasa la vida mudándose de lado a lado y se lleva todo y mete primero la basura. Basura llamo yo a sentimientos de pena, dolor, heridas, amargura.

"Aprende a viajar liviano de equipaje."

Hay momentos en que Dios dice: "Vamos a hacer algo totalmente nuevo". Tal vez, empiezas con muebles prestados, pero aun así, deja todo, no traigas nada del pasado. Lo único que debes traer del pasado es tu esencia, no lo material. Del pasado solo deberíamos traer la experiencia.

Te cuento que nuestro primer departamento fue amueblado con bienes y enseres que la gente dejaba junto al basurero. O comprados a muy bajo costo en los *garage sale* (ventas de garaje) que hacen aquellos que cambian sus muebles.

Por el sueño, hay que dejar el sillón. Mucha gente no alcanza su sueño porque no está dispuesta a soltar lo que tiene en las manos. Están muy contentos con lo que alcanzaron, con el crédito, el reconocimiento, el dinero; en fin, con sus propios deseos. Dejar el sillón es para agarrar la toalla, porque no sabes lo que viene después.

Una nueva transición

Una de las cosas que el Señor me enseñó en aquel tiempo fue trabajar con pastores y enfocarme en el Reino de Dios. En esos años, conocí al pastor Darío Silva-Silva, quien se había mudado de Colombia a Miami por su seguridad personal, enfrentó situaciones que lo forzaron a permanecer en Estados Unidos.

Patricia y yo estuvimos sirviendo en Casa Roca, del pastor Darío, serví como vicepresidente del Concilio Global de Iglesias. Me incorporé a Casa Roca porque el pastor Darío quería fundar la Catedral Sobre la Roca, desde la cual basar y dirigir todo el ministerio internacional de esta obra que había nacido en Colombia. El pastor Darío tenía la idea de llevar la misión de Casa Roca al mundo.

En agosto de 2008, decidí sumarme al equipo del que ya era vicepresidente del concilio y trabajar con ellos a tiempo completo. Pasé, así, a ocupar una posición ejecutiva dentro del equipo de Casa Roca Miami, donde estaba la oficina de la presidencia.

Empero, con el tiempo, notamos que nos estábamos involucrando más en una obra local que en una obra internacional.

Visión que trasciende a una congregación

Al estar envueltos mucho tiempo en lo local, entramos en conflicto con nuestro llamado y el fuego de nuestra pasión. Lo que queríamos realmente era una visión que trascendiera una sola congregación o una sola parroquia: anhelábamos proyectar una visión global.

No quería apartarme de otras iglesias de Latinoamérica y de las conferencias. Quería seguir viajando, llevar la obra y la visión por todo el mundo donde se hablara español.

Coincidentemente, en agosto de 2010, Darío me confesó que había evaluado regresar a Colombia y mover a ese país la sede de la Catedral. Me pareció muy lógica la decisión, porque desde el punto de vista de su persona y de su entorno, tenía mucho sentido. El pastor Darío entendió que era tiempo de regresar a Colombia porque él había estado autoexiliado por la situación política y la guerrilla y esa situación ya había cambiado.

Cuando él decidió regresar, no tenía sentido que yo me quedara como vicepresidente del Concilio Global en una posición dentro de una parroquia local. Mi visión trascendía eso, y una cosa era servir al lado de Darío, y otra cosa era trabajar como parte de una parroquia. Hablamos y le dije que la posición en el concilio era para cumplir el sueño de expandir la Iglesia por todo el mundo y, si la necesidad estaba en Colombia, y el 80% de su tiempo estaría dedicado allí, yo prefería dar un paso al costado y moverme.

Siempre tuvimos la convicción, mi familia y yo, de que el pastor Darío nos había cobijado, es decir, que nos había prestado su casa por un tiempo. Fuimos muy bien tratados en todos los aspectos. Siempre nos proveyeron absolutamente todo lo que necesitamos y más. Esos años me sirvieron muchísimo porque me permitió conocer amigos y aprender.

¿Quién no aprende al lado de un intelectual de la talla de Darío? Para mí, así como para mi familia, fue una gran bendición.

Entonces, dimos un paso de fe también, y el Señor nos dio una nueva oportunidad inmediatamente. En los tiempos perfectos del Señor, se abrió la puerta de la Sociedad Bíblica Internacional.

Más allá de una parroquia

Cuando hablé con Darío, le dije: "Bueno, si ustedes deciden devolverse, creo que vamos a dar un paso en cuanto a nuestra posición en el concilio. Permaneceremos en la iglesia y cada uno nos dedicaremos a ministerios complementarios". Esto significaba que yo debía salir a trabajar secularmente y dedicarle tiempo completo a ese trabajo. Lo entendió muy bien.

En los tiempos de Dios, que siempre son perfectos, se me acercó el doctor Luciano Jaramillo y me dijo que iba a retirarse de su trabajo como vicepresidente de la Sociedad Bíblica Internacional para el área de Latinoamérica. Le habían dado dos años para formar un sucesor, ya se estaba cumpliendo el plazo y, aún, no había hablado con nadie. Entonces me llamó y me ofreció la posición.

Esperé a que Darío volviera de Bogotá para responderle al pastor Luciano. Darío iba cada vez más asiduamente a Colombia y se demoraba mucho más en regresar a Miami. Sus estadías allá eran muy prolongadas. Se había ido en mayo, me hicieron el ofrecimiento en junio y regresó en agosto, que fue cuando pudimos conversar. Allí, sentí paz.

Se dio todo en el tiempo preciso, sincronizado por el Señor. Cuando el pastor Darío decidió volver a establecerse en Colombia, se me abrieron las puertas de un ministerio mundial. Amo profundamente este ministerio, me hace vivir todos los días y me revitaliza, pues tengo pasión por la Palabra de Dios.

Cuando dicto seminarios, no dejo de remarcar que la mejor persona para contarle los sueños y las visiones que tienes es a tu pastor, a tu líder.

¡Cuidado! Si tú no puedes compartir tus inquietudes con tu pastor, entonces tienes un problema de credibilidad muy grande. La mejor persona para compartir eso es la autoridad y, en este caso, tu pastor representa esa autoridad. Antes de la salida de Casa Roca y desde antes de la salida de Editorial Vida, supe que era momento de un cambio, y las dos veces pude hablarlo con mis autoridades.

"La mejor persona para contarle tus
frustraciones o tus anhelos es tu líder".

Otra cosa que aprendí también durante mi tiempo en Casa Roca y que Dios me recordó vez tras vez y que, de paso, me iba a servir mucho en el futuro, era que no dejara de tener en cuenta el "ministerio del segundo", el que le levanta las manos al primero. Trabajé muchísimo con ese concepto, a tal punto que incomodé a algunos en la organización.

Es difícil decir: "Yo soy el segundo" cuando hay mucha gente esperando el turno en la línea de sucesión, y lo entiendo. Pero algo que yo tenía bien claro, y no lo tenían los demás, era que la posición del segundo no es para uno solo, es para mucha gente, es para un cuerpo, el Cuerpo de Cristo.

¿Fracaso?

Salí de Argentina con una perspectiva de crecimiento y me fui a México. Luego, viajé a Miami con ansias de crecer, algo que sin duda se cumplió en Editorial Vida. Y si sigo el recorrido, pareciera que el tiempo en Casa Roca no terminó para mí en crecimiento, y hasta algunos lo podrían ver como un fracaso. Sin embargo, nunca debemos olvidar que Dios está detrás de todo y que sus propósitos siempre se cumplen cuando Él nos guía. Lo que el Señor hizo durante el tiempo en Casa Roca fue dejarme descansar, darme unos años de paréntesis—y creo firmemente que Dios usó a Darío y su amor como un puente para hacer ese nuevo paréntesis en mi vida— y volverme a poner en el ministerio desde el otro lado del mostrador. Dios escribe recto con líneas torcidas, como dice el pastor Luciano.

Ni por un segundo se puede tomar aquello como un retroceso. En absoluto. Es más, para mí, fue un entrenamiento, pues tener esos años de enseñanzas, testimonios y vivencias del día a día al lado del pastor Darío fue toda una escuela. Y me gustaría creer, y solo Dios lo sabe, que la semilla que sembramos en el Concilio Global llegará a germinar, sin duda, en muchas más congregaciones en el mundo.

De hecho, debemos ser coherentes en nuestras vidas y dar de todo lo que hemos aprendido desde el mismo momento en que conocemos al Señor, y ello dará fruto. Te puedo decir que el mismo modelo de Editorial Vida lo repliqué en Bíblica y que los que trabajaron conmigo en Casa Roca o fueron pastoreados en mi paso por allí sabían cuándo contaban conmigo, cómo contaban conmigo y que yo estaba disponible para ellos. Eso me valió muchos amigos que, todavía ahora, siguen siendo entrañables.

No lo verás en el nombre ni en el logo, pero te aseguro que tienen el ADN de lo sembrado y están creciendo, yendo hacia adelante. Es obra del Señor y confirma que hemos transitado por el camino correcto.

Y esto me lleva a otro punto que quiero recalcar y recordarte: siempre debemos estar atentos a dar paso al nuevo liderazgo que habrá de reemplazarnos. La única forma de crear una cultura permanente de abrir espacios al nuevo liderazgo en nuestras organizaciones es cediendo autoridad y decidiendo perder poder. Hace muchísimos años, en el libro *En busca de la excelencia*, de Thomas J. Peters y Robert H. Waterman, Jr., leí una frase que decía: "Uno puede convertirse en un 'líder tapón' o en un 'líder escalera'".

Lo natural es que las personas siempre crezcan. Nunca trates de encerrar a tu gente en una botella y pongas la tapa en ella porque el que irá para afuera serás tú. La gente va a seguir creciendo y te va a expulsar, no lo dudes.

Pero si eres una escalera, tú vas a ir subiendo escalón por escalón, y subirás y, al subir, la gente va a crecer. Estarás creando espacios para que crezcan los que vienen detrás de ti.

Y una persona que sabe honrar y respetar la autoridad...crecerá. Y como es un ciclo en movimiento, no importa en qué escalón estás en la escalera o quién se encuentra más alto que tú. El que suba te dará la mano y te ayudará a subir. Y ese siempre será reconocido como el mentor que supo dar la mano.

Finalmente, te digo otra cosa que también aprendí en este proceso: conviene relevar y dar descanso a un líder que manifiesta cansancio o desánimo. Hay que darle descanso a quien lo pide, pero nunca hay que aprovechar esos momentos de cansancio del líder para hacer cambios en la estructura.

Si le damos descanso, tenemos que ser correctos y dejarle descansar con la seguridad de que, cuando vuelva, encontrará su posición. No quiere decir que no sigamos avanzando, ya dijimos que lo natural es crecer, pero el que descansa debe hacerlo sabiendo que retomará su caminar en el lugar donde quedó cuando inició el descanso. Qué triste es no tener a dónde regresar después de haber tomado ese anhelado y urgente descanso.

"Hay organizaciones donde nadie se atreve a ir a descansar porque, durante el sueño, les roban la posición".

Y esto tiene otra cara también: algunos llevan a la gente a un cansancio tal que, cuando están fatigados, ya no les son más útiles a sus propósitos y los desechan. Nunca obtuvieron descanso y fueron explotados y desechados.

Mucho cuidado, porque esto no es el modelo del liderazgo de Dios. Su modelo es dejarte descansar honrándote y que, cuando vuelvas, encuentres algo mejor de lo que tú has sido parte. Si no lo haces así, los otros lo repetirán, entonces, nadie querrá irse y el problema es que tendrás una entidad o un ministerio o una compañía con un equipo de gente cansada que se quemará por agotamiento.

Eclesiastés 10:10 dice: "Si el hacha pierde su filo, y no se vuelve a afilar, hay que golpear con más fuerza". Por su parte Stephen R. Covey en su libro *Los 7 hábitos de la gente altamente efectiva* señala: "Hay que afilar la sierra", porque el trabajo duro se enfrenta y está potenciado con y por un hacha bien afilada que nos permita cortar. Si tenemos un hacha bien afilada y no descansamos, seremos un desastre, porque estaremos todo el día golpeando con ese instrumento y, cada vez, se nos hará más difícil, pues vamos perdiendo el filo y, también, nos maltratamos nosotros mismos por tener que hacer un mayor esfuerzo.

Las pruebas de la vida, los golpes, las circunstancias, el cansancio, la sobrecarga de trabajo, todo nos puede hacer perder esa energía productiva del entendimiento de las cosas que solamente nosotros podemos sentir. El buen líder se detiene a afilar el hacha mientras los otros siguen golpeando. El que sabe afilar el hacha, lo hace cada vez mejor, para que cuando dé el primer hachazo, pueda marcar la diferencia al voltear el árbol. Dios nos lo enseñó con el ejemplo al dedicar al descanso el último día del acto creacional.

Bíblica

Cuando el Señor me llevó a la Sociedad Bíblica Internacional, me encontré con una manera diferente de hacer las cosas, bueno, aparte, también, era una entidad distinta y, además, el mundo digital en esos dos años había avanzado de una manera dramática.

Esta etapa me encontró con disposición y ganas de encarar algo nuevo. Entendí que estaba recogiendo el legado del Dr. Luciano Jaramillo, que no es poca cosa. Asimismo, recibía el legado de la Nueva Versión Internacional, que es una versión cien por ciento traducida de los idiomas originales por un equipo de más de 20 biblistas.

Fue, entonces, que puse sobre mis hombros un montón de prestigio que tenía que llevar adelante y creo que, hasta ahora, lo hemos hecho bien. Así me encontró esta etapa y así lo sigo haciendo.

En todo tiempo mantuve contacto con autores y con las

casas editoriales. Con algunos perdí contacto con el paso del tiempo.

Nunca perdí la pasión por seguir ayudando a cada uno de los que necesitaban llevar el mensaje más allá de su iglesia o su ciudad. Sigo apoyando a otros ministerios y sigo teniendo la pasión por los medios de comunicación. Eso sí, cuidándome de no hacerlo para mi favor, sino, usando los medios de comunicación para hacer contactos para otros. Siempre estoy dispuesto a trabajar extramuros con todos.

Pero llegar a Bíblica significó que ya no tenía que lidiar con más autores. Ahora, representaba a un solo Autor, y no a cualquier autor, era un Autor peculiar, tan peculiar, que es el único Autor que se sienta al lado de cada uno que lo lee, el Autor de la Palabra de Dios, de su Palabra escrita.

Para mí, esto es la culminación de mi carrera. Quizás, este es un sombrero mayor al que tuve en Editorial Vida o en el Concilio Global de Casa Roca.

Llegar aquí es encaminarme a trascender, no a una congregación, más bien, es ir por un sueño mayor, el sueño del Reino, el sueño de servir a toda la Iglesia, un privilegio que tengo por estar visitando 25 países al año, yendo a diferentes congregaciones en múltiples ciudades. Esta labor es algo que hago con mucha dedicación, atención y respeto.

Esta nueva posición implicó, también, volver a estudiar una compañía, aunque ya tenía un conocimiento básico de ella. El doctor Luciano Jaramillo era parte del Consejo Pastoral de Editorial Vida y, cuando reduje personal en esa organización, quedaron disponibles oficinas que ofrecí a la Sociedad Bíblica Internacional. Quedamos de vecinos y socios porque en Editorial Vida publicábamos todos los productos de ellos. Fueron estas circunstancias las que me brindaron una noción previa de la organización de Bíblica.

No habría sido nada prolijo si desde Editorial Vida daba el

salto a la Sociedad Bíblica Internacional. Por mis principios, no podía hacer la transición de una entidad comercial a otra. Pasar de Vida a Bíblica era una situación similar al caso que te relaté de Unilit.

El conflicto de intereses estaba dado porque una entidad usaba los textos bíblicos de la otra. Uno de los contratos entre ambas corporaciones los había firmado yo estando en la presidencia de Vida, y no me resultaba ético pasar a administrarlo desde Bíblica. Era algo que no tendría buena presentación.

Una situación muy compleja. Por eso mismo: ¡gracias a Dios por ese paso de dos años por Casa Roca! Dios me cuidó en todo sentido.

Asimismo, esta nueva posición me ha permitido servir al Señor al tope de mi capacidad y volver a armar equipos de trabajo bajo mi responsabilidad. Afortunadamente, logré impregnar la cosmovisión de que estamos para servir a los demás, de que nosotros somos los segundos de la Iglesia, de que nosotros somos los segundos del llamado de cada pastor.

Hacer y formar un equipo de trabajo con esta cosmovisión fue importantísimo. Comprendí y compartí que debíamos proyectarnos más allá de una oficina, que no debíamos abandonar el amor por la obra y por los amigos, que debíamos mantener la lealtad por los hermanos y el pueblo de Dios.

A Bíblica la encontré como un ministerio dedicado a la traducción, publicación y distribución de la Palabra, con mucho énfasis en este último punto. Evalué que su estructura de ventas estaba sobredimensionada respecto de los ingresos. La misma situación ocurría con el inventario existente en la bodega. Otra vez, tuve que considerar pasos importantes a seguir.

Consideré necesario aclarar que los fondos que aportaba nuestra casa matriz en Colorado Springs, Colorado (EE. UU.), para nuestros programas, los estábamos usando para pagar estructuras fijas. Estudiando el panorama, decidí cerrar las oficinas de Argentina, Colombia, Guatemala y México. No me quejo de que me hayan llamado "el reductor", pero lo que sí tengo muy claro es que los tiempos modernos exigen adaptarse para seguir vigentes y permanecer en el mercado. Es necesario que usemos los recursos de la manera más efectiva.

En esos países, hicimos alianzas estratégicas para que otros ministerios ya establecidos y muy bien plantados allí pudieran llevar adelante la publicación y distribución de la Palabra.

Acordamos que nos ayudaran a cumplir más efectivamente con nuestro ministerio en las traducciones, pues para tener una Biblia, hay que traducirla primero, y eso lo hacemos bien. Pero que, además, nos ayudaran a publicarla, almacenarla, distribuirla y venderla. Está claro que mucha gente hace eso mucho mejor que nosotros. Y eso sí, que, también, nos ayudaran con la capacitación y la interacción con la Biblia, tarea que hasta ese acuerdo no estaban haciendo.

Nosotros lo que queremos es centrarnos en nuestra visión y misión, que es transformar vidas con la Palabra de Dios. Nosotros lo que queremos y hacemos muy bien es capacitar a los líderes de la Iglesia para que ellos, a su vez, capaciten a los suyos. Les damos herramientas para hacerlo en una forma efectiva y relevante para la sociedad de hoy, lo más cercano al contexto bíblico y a como la Biblia se fue escribiendo.

Distribuir una Biblia no transforma tu vida; el que leas la Biblia y la apliques sí transforma tu vida.

"¿Por qué usar recursos en algo que no es tu fortaleza?".

Todos nuestros recursos los destinamos para cubrir gratuitamente programas para las iglesias, en lugar de destinarlos a infraestructuras locales. En ningún momento, nos hemos reducido. Nos hemos reenfocado y creo que la mayoría de las

Sociedades Bíblicas nos están imitando. La idea es reenfocarse, hacer alianzas estratégicas con otros en lugar de competir.

"Reenfocarse no significa reducirse y para crecer se necesita que cada cual esté en lo suyo y todos sigan un mismo objetivo".

Algo muy parecido me había pasado ya en Editorial Vida. Allí, encontré que además de vender nuestros productos a través de distribuidores, la editorial competía directamente con ellos. Al tener Vida sus propias librerías en Costa Rica, Honduras y República Dominicana, competía en condiciones mejores con los distribuidores a quienes les vendía, pero siendo honestos, no podemos jugar en todos los puestos de la cancha. Debemos elegir una posición y ser excelentes en esa posición. El 'llanero solitario' no existe y el todólogo tampoco.

En la actualidad, los recursos los destinamos a viajar para dar seminarios, y eso representa un esfuerzo muy grande. Visitamos 25 países cada año y, cuando divides entre 52 semanas, significa un desplazamiento cada diez días. Llevamos esta tarea entre el doctor Luciano Jaramillo, el doctor Samuel Pagán, Howard Andruejol, Enrique Baldeón y yo.

Cada uno de nosotros estamos desarrollando algún tipo de actividad para bendecir a la Iglesia con el patrocinio de donantes. Me siento bien usando los recursos que Dios nos da para en bendecir a otros en lugar de utilizarlos para el crecimiento o mantenimiento de estructuras. Estamos en continua expansión en la forma que a Dios le agrada y nos pide.

Hemos recibido pleno respaldo del ministerio global de Bíblica. Ellos nos han seguido con mucho juicio e, incluso, ahora, ellos mismos entregaron toda la distribución comercial a una publicadora y están dedicándose exclusivamente a traducciones, al material *Experiencia bíblica en comunidad* y a capacitaciones a través del Instituto Bíblica. ¡Nos copiaron! Creo que el futuro de todas las Sociedades Bíblicas será la preparación y la educación de la Iglesia. Desafortunadamente, no hay muchas entidades como nosotros que puedan ir a una iglesia y decir: "Hermanos, queremos bendecirlos, vamos a traer conferencistas de talla y renombre y vamos a hacer esta inversión por esta ciudad, porque alguien ya lo pagó por usted".

No estamos buscando negocio, estamos buscando duplicar el ministerio. En la misma forma lo estamos realizando con *Experiencia bíblica en comunidad*.

FAMILIA DE ORO

Una mujer de oro

Quiero retomar esta parte de mi vida para que tengas una idea, primero, de la importancia que tiene la familia en todo lo que emprendes y, segundo, de que gracias a eso, nunca puedes desligar una cosa de la otra, tu vida profesional o ministerial de tu vida familiar. Y más adelante, ¡te vas a sorprender cuando, también, escuches lo que tenga que decir mi esposa!

Todo lo que he podido lograr y que estoy relatando en estas historias hilvanadas se debe, básicamente, a que tengo una familia de oro y, especialmente, una mujer de oro. La mujer de oro que Dios me dio y con la que me permitió tener una familia de oro.

Dios trajo a mi vida a Patricia cuando yo tenía 19 años y ella, 18. Ella era muy joven (ojo: ¡y, aún, lo sigue siendo!). Doy por cierto que el Señor me la presentó con un propósito claro. La conocí en una etapa en la que yo estaba viviendo un conflicto, valga la redundancia, complicado. Me enamoré inmediatamente. Es difícil no enamorarse de mi esposa (tú harías lo mismo). ¡Gracias a Dios que ella, también, se enamoró de mí! Y aunque una tía mía le dijo muy convencida: "Nena, te llevas oro en polvo", el galardón, el premio mayor y la corona me los llevé yo. Dios me debe de querer mucho por habérmela dado como esposa.

Cuando la conocí, su padre estaba pasando por la fase terminal de un cáncer muy agresivo en la laringe, una enfermedad muy dramática. Mis suegros y mis padres murieron jóvenes, de cáncer. Mi futuro suegro falleció muy joven, con apenas 54 años; la mamá de Patricia, a los 57; mi padre murió de 64 y mi madre, de 60. Afortunadamente, ya cortamos con esa enfermedad en el nombre de Jesús.

En 1979, cuando conocí a Patricia, ella estaba estudiando Docencia para ser una excelente maestra. Una noche que ella no pensaba salir, de repente le dijo a su madre: "¿Sabes qué? Voy a ir a tomar algo". Casualmente, yo llegué adonde ella estaba y nos conocimos, y creo, hoy, mirando atrás, que fue providencial. Pasamos una etapa donde me hice muy buen amigo de su papá en los últimos meses de su vida.

Su hermano, ahora fallecido, estaba fuera del país por una situación política muy triste que vivió Argentina en ese momento. Eran tiempos de la "guerra sucia" (1976–1983) impuesta por los militares contra miles de ciudadanos, luego, desaparecidos. Mi cuñado tuvo que salir del país para preservar a su familia. Su entorno estaba en ebullición.

Y aparezco yo. Me veo, ahora, como un factor de contención para Patricia porque le di paz en medio de todo eso, pero también, yo encontré una mujer extremadamente fuerte, superdeterminada y que, cuando tuvo que hacerlo, se decidió por mí sin duda ni miramiento alguno.

Y es que, antes de fallecer el papá, le llevaron una acusación horrible y blasfema contra mi persona. Patricia tuvo que ponerse fuerte delante de toda su familia y decirles: "Este es el hombre que yo elegí", y les dejó en claro que nada la haría cambiar de parecer. Decidió por mí por encima de todo obstáculo.

No te asustes, pero el primer regalo que le hice a mi entonces novia a los tres meses de conocerla, además de llevarle flores, escribirle cartas, poesías y demás, fue un cubre cama matrimonial. Esto fue increíble. Estaba desbordado por ella y ya no hallaba cómo decirle que quería que compartiera toda su vida conmigo.

En octubre de 1979, falleció su padre y las mujeres de la casa quedaron solas. La pérdida de su esposo afectó notablemente a mi suegra y me pidió que, por favor, no me quedara más en la casa, que no era necesario. Este pedido me afectó mucho y fue muy duro, porque yo me había mudado a la casa para poder ayudar con el padre en esos meses tan dramáticos.

En una de mis visitas a Patricia, comprobé cómo mi suegra le hacía la vida imposible en su propio hogar. La inquiría: "¿Qué? ¿Cómo? ¿Por qué vas a estar con él? Ahora debes empezar a trabajar para la casa", y así por el estilo.

En octubre, luego de que falleció su padre y viendo la clase de mujer que era y cómo se la había jugado por mí, cómo había creído en mí desde el principio, me reafirmé en lo que pensaba y me dije: "En verdad, esta mujer vale la pena, y quiero estar con ella hasta que me muera". Y desde ese momento, comencé a buscar la forma de concretar el matrimonio...pero ella se me adelantó.

En otro viaje de visita, ella tomó la iniciativa y me dijo: "Esteban, sácame de acá". "'Pato', la única manera en que te saque de acá es que nos casemos". "*Ok*, dale", me respondió.

Así que fue ella quien me propuso matrimonio. Creo que somos muy pocos los hombres a quienes les proponen matrimonio.

Conocí a mi esposa en febrero de 1979. En marzo de ese año,

la llevé a la iglesia de mi ciudad en Lobos y le di el anillo de compromiso. En octubre, ella me pidió matrimonio y, en abril de 1980, nos casamos. ¡Siempre hemos vivido intensamente!

¡Qué diferencia y qué felicidad cuando Dios es quien escoge a tu esposa!

Fui a la fija (argentinismo que significa tener un dato infalible), por lo que no hubo lugar a equivocación. Hoy, en pleno 2016, estamos festejando 36 años de matrimonio. Todos han sido buenos años y cada uno ha sido mejor que el otro, de principio a fin, y son los mejores porque los hemos vivido juntos. Esto no significa que no haya existido una que otra dificultad o problema, pero sí significa que hemos estado todos estos años construyendo nuestra familia y conociéndonos día a día más y más: uno nunca deja de conocer a quien tiene al lado.

Como siempre aclaro en mis conferencias, el papel aguanta cualquier cosa, por eso, cuando quieras de verdad conocer a alguien, debes preguntarle a la familia, a los hijos, o a la esposa. Bueno, vamos a hacer eso. Te invito a conocer un relato sobre mí a través de los ojos de una mujer con todas las letras, mi esposa, Patricia.

Una mirada desde el balcón de "Pato"

Bueno, me toca a mí esta parte. No sé si Esteban y los involucrados estarán de acuerdo con mis apreciaciones, pero es mi versión, quizás muy campesina, pero muy sentida.

Quiero aprovechar para agradecer a toda la familia la oportunidad de tener tantas y tantas anécdotas. Dios ha sido fiel a pesar de nosotros mismos.

"Dios es fiel a pesar de nosotros".

Como Esteban ya lo ha dicho, venimos de pueblos cercanos, pero de vivencias muy distintas. Claro, Dios tenía planes con nosotros. Esteban llegó a mi vida de repente, en medio de una situación muy particular y dura para mí: mi padre había sido diagnosticado con cáncer y las cosas no parecían nada alentadoras. Después de pelear una dura batalla contra la enfermedad que padecía y sobrevenirle la metástasis, las cosas se complicaron aún más.

Ni yo iba a salir ese sábado que nos vimos por primera vez, ni él planeaba llegar a Las Heras, pero fue así, y nos encontramos frente a frente.

Me llamó la atención su risa, su amabilidad y su forma de hablar. Quizás, no estaba muy acostumbrada a eso. Era muy cortés. Luego de charlar con amigos en común, me invitó a tomar un café y me preguntó que si me parecía bien que regresara el próximo sábado para encontrarnos nuevamente.

Mi mente y mi corazón estaban centrados en toda la situación familiar, mi padre y su terrible enfermedad, pero también, es cierto que tenía una enorme alegría por mi hermanita, María Fernanda (a pesar de que, antes, era yo quien me había sacado el título de hija y nieta menor).

Y a eso se aunaba mi alegría por la idea de llegar a algo más con Esteban, quien, al tiempo de estar juntos, me confesó que, por la cercanía de 'Fer' conmigo, había llegado a pensar que ella era mi hija (yo tenía 15 años cuando ella nació y mi mamá estaba muy grande ya para ser mamá). Éramos inseparables con 'Fer', pero como ahora Esteban se sumaba a la escena, a veces era inevitable que 'Fer' le pidiera que se fuera, alegando que yo "era suya". ¡Qué risa!

Mis padres fueron ejemplo de trabajo, provisión y cuidado. Nada me faltó. Todo lo suplían. Todavía, recuerdo aquella Navidad donde encontré una carta en lugar de un regalo. Corrí a ver qué decía y, para mi sorpresa, grata por cierto, los Reyes

Magos me agradecían lo trabajadora y lo sencilla que era, pero que esta vez, mi regalo se lo iban a dar a otros niños que no tenían nada. Me sentí muy orgullosa de compartir ese regalo con alguien que lo necesitaba. Y cuento esto porque mi cosmovisión de la protección de un padre era muy elevada; lo tenía "todo", aun en la sencillez con la que vivíamos.

"La clave es: contentamiento".

Esto es muy importante, porque esa era mi dimensión de Dios. Era lo máximo y, no se malentienda, era como mi papá. Esto no haría fácil la tarea de Esteban como esposo y padre, pero ahí estaba el mayor desafío y el complemento necesario para comenzar una vida juntos.

Mi vida fue muy especial. Yo sentía el calor de hogar, el afecto de mis padres, la compañía de un hermano mayor que, a veces, me dejaba participar de sus aventuras: fútbol, carreras de caballos (siempre ganaba él), así como de algunas obligaciones que me las "cedía gentilmente" para salir con sus amigos. Mi hermana mayor, Silvia, no vivía en el campo con nosotros, sino con nuestros abuelos. Era toda una princesa. Y, aunque estaba en otro lado, no eran obstáculo unas cuantas pedaleadas en bicicleta y unas siete cuadras para ir a jugar con ella. Dios era real en mi vida.

Desde chiquita, soñé con una familia así, solo que quería cinco hijos. Dios cumplió mi deseo de tener una familia, y con Esteban.

Ahora, puedo decir que Dios es bueno. Estoy agradecida con Esteban, quien, desde el comienzo, desde nuestra primera cita, tomó las cosas en serio. Con su forma de hablar, de expresarse, y qué decir de tantas y tan bellas poesías, sus regalos y, sobre todo, su paciencia (¿será que se va acabando con el correr de los años?, ¡es una broma!), me lo hizo saber. Y aunque después de la muerte de mi padre fueron cambiando muchas cosas a nuestro alrededor, creímos que lo nuestro era para toda la vida. Hemos atravesado mares, ríos, tempestades, huracanes, terremotos, pero el compromiso sigue en pie. A pesar de las malas decisiones que hayamos tomado, quizás lastimando a muchos, o contra viento y marea cuando se nos caía el mundo encima, siempre conté con un hombre de lucha, que nos sacó adelante a pesar de...

"No todo es color de rosa, pero sí, se puede".

Aparentemente, éramos muy diferentes, pero nos complementábamos, y, para muestra, basta un botón, dice el refrán. La mayor prueba o decisión que tuvo que tomar fue ante mi pregunta: "¿Te quieres casar conmigo?". Y sí, nos casamos en abril de 1980, con previa autorización de nuestros padres, ya que éramos menores de edad. Recibimos muchos regalos que nos permitieron acomodar el primer departamento que rentamos cerca de mi trabajo, en la clínica Bazterrica, y no muy lejos de la revista Visión.

Muchos sueños, muchos proyectos, entre ellos, esperar dos años para tener a nuestro primer bebé. Siempre anhelé una familia grande. Tal vez, porque mi familia lo fue. Eran nueve hermanos por parte de papá y cinco hermanos por parte de mamá. Por ser la menor de esta extensa familia, disfruté muy poco de mis abuelos; nuestros hijos, también.

Acortamos los tiempos y, así, llegó Juan Martín en noviembre de 1981. La primera en visitarlo fue su flamante tía Fernanda, de 5 años, quizás con ansias de conocer a su "rival de cariño".

Pese a que planificamos encargar un hijo, Esteban no dejó de ponerse celoso y hasta fue lógico, pues había que compartir "otro poquito", y Martín era muy demandante de comida y tiempo. Si le preguntas a "Maru", su esposa, creo que nos diría que continúa así. Mi hijo…¡Estoy bromeando!

Con Martín de dos meses, decidimos regresar a la paz del pueblo, en General Las Heras. No sería fácil, ya que para Esteban significaría un esfuerzo considerable, pero estábamos convencidos de que sería de provecho para Martín y los que vinieran. Viajaría diariamente en tren casi por dos horas para, luego, tomar un autobús para llegar a su oficina y, lo mismo, al regresar. Los tiempos en Argentina estaban muy tensos y convulsos y en plena guerra por las islas Malvinas y, además, bajo la dictadura militar. Tiempos difíciles.

Una vez en Las Heras, retomamos muchas amistades, tiempo de familia y mi primer trabajo como maestra en Villars, una localidad rural cercana.

En pocos meses, ocho para ser exacta, decidimos aumentar la familia y Juan Sebastián llegó en mayo de 1983, otro varón, así que serían buenos amigos, él y Martín. Aunque "Seba" resultó con la particularidad de tener horarios opuestos a los de Martín, estábamos felices. "Seba" era muy tranquilo hasta que reclamaba su comida o un dolorcito lo incomodaba y, ahí, sí que sabía hacerse oír.

Esteban anhelaba que tuviéramos nuestra propia casa, algo bastante difícil de lograr, pero, con el consentimiento de mi mamá, remodelamos una parte que no se usaba de la casa y nos quedó un hermoso departamento. Nos mudamos con nuestros dos bebés muy cerca de la fecha de las primeras elecciones democráticas después del proceso militar, todo un desafío cívico para nosotros y toda la población.

Esteban, aprovechando esos tiempos de cambio, no dudó en involucrarse en la Unión Cívica Radical (UCR), como tesorero del comité local. Y ¡sorpresa!, nuevamente embarazada. Ahora, sería Juan Agustín el nuevo integrante, quien nació en febrero *de 1985. Siempre alegre y risueño, le tocó acomodarse al ritmo que ya llevábamos en la casa.*

Fue un hermoso tiempo que compartimos en familia, con primos y amigos, a casa llena. Como era de esperar, todos nos preguntaban: "¿Para cuándo la nena?". Solo levantábamos los hombros en señal de "no sabemos". Quizás el próximo sería otro varón, ¿por qué no?

Yo ya tenía mi título de maestra de grado y Esteban iba ascendiendo en su trabajo, el que por su intensidad, hacía que los chicos casi no lo vieran. Gracias a Dios, en mi trabajo me otorgaron un pase a un establecimiento muy cerca de casa, permitiéndome llevar a los chicos a sus escuelas correspondientes, ir a trabajar y regresar por ellos para llegar juntos a la casa.

Los fines de semana eran muy distendidos, de compras, de paseo por las placitas, de amigos, de mates y facturas (bollo, bizcocho), de asados.

Y siguió otra mudanza. Recuerden que no es cuestión de acomodarse en un lugar, sino de ir para adelante. En un lapso breve, recibimos una excelente oferta para comprar, al fin, nuestra primera casa. No lo podíamos creer, ¡la mudanza fue esta vez a "nuestra primera casa"! Ello fue en el año 1988. Deberíamos haber aprendido que cuando lográbamos establecernos en una casa, al poco tiempo, llegaría un cambio, una mudanza, pero nos costó unos años más caer en esta realidad, constante y significativa en nuestras vidas.

**"Establecerse es una cuestión
mental, no de domicilio".**

Ya Esteban había comenzado a involucrarse con distintos países de Latinoamérica. Por su trabajo en la revista, viajaba con frecuencia, pero igual, disfrutábamos de "nuestra casita". Y me pongo a pensar que es recién, ahora, que estamos solo con *"Juampi"* en la casa, que tenemos una oficina en el cuarto que fue de *"Marita"*. Y digo *"casita"* por cariño, no por tamaño. Permítanme un paréntesis. Hace un tiempo, en el casamiento de *"Seba"* con Isabel, charlando con el entonces presidente de Zondervan, Bruce Ryskamp, y su esposa, Gery, reflexionábamos acerca del tamaño de las casas durante nuestra niñez. En ese entonces, a nadie se le hubiera ocurrido cuestionar el compartir la habitación con los hermanos o sugerir la construcción de otro baño, aun uno para emergencias y, realmente, disfrutábamos de esas cosas.

En esta *"nuestra casita"* (dicen que las mudanzas suelen ser las responsables de los embarazos o, mejor dicho, las facilitadoras), llegaría nuestro cuarto hijo. Pese a no haber sabido con anticipación el sexo de nuestros hijos durante los anteriores embarazos, en ese entonces, sí lo podíamos saber. No estábamos muy seguros de averiguarlo, pero ante la insistencia del doctor de que me realizara un monitoreo fetal, accedí, aunque en el fondo estaba convencida de que sería otro varón. ¿Qué creen? No se pudo saber, ya que por el azúcar que debí ingerir, se movía demasiado. Bueno, a esperar a que naciera nada más.

En San Bernardo, donde vacacionábamos por el año 89 y teniendo siete meses de embarazo, llegó Esteban para contarme que seríamos trasladados a México D.F. Lógicamente, esto implicaba ir juntos o desistir.

Conocemos algunas familias que, desafortunadamente, no estuvieron dispuestas a pagar el precio de salir de la zona de confort (sobre todo, las esposas) y, lamentablemente, no duraron como tal, abriendo las puertas a otras relaciones y provocando, así, la ruptura de sus familias y matrimonios.

¡Pues a preparar otra mudanza! Eso sí, por lo avanzado de mi embarazo, el bebé debía nacer en Argentina.

La incógnita de si era varón o mujer se descubrió en abril de 1989, con la llegada de María Laura. Pedí a los doctores que le dieran la noticia a Esteban que esperaba afuera de la sala de partos. *La llevaron envuelta en una sábana celeste, así que le costó darse cuenta de que no era varón, sino una hermosa nena.*

Les cuento que este hombre valiente y comprometido se negó enfáticamente a presenciar alguno de los nacimientos de nuestros hijos. Es más, con el primero, estuvo a dos cuadras de la clínica tomando un café, después de recomendarme, ante los dolores del inminente parto, que cerrara las piernas. ¡Muy divertido! (para él).

Esteban tomó un tiempo para ir a México a preparar todas las cosas para que nos mudáramos. No fueron pocas las cosas que debió organizar: un lugar para vivir una familia con cuatro hijos, escuelas, muebles, seguro médico y más. No escatimó esfuerzos ni gastos para tener todo listo para recibirnos y hacernos sentir cómodos.

Teníamos la tonta idea de que, si nos mudábamos, debía valer la pena, sin importar lo que nos endeudáramos, comprometiendo nuestra estabilidad financiera. Fue duro, pero aprendimos la lección.

Ese año, también, mi hermano había dado un cambio a su vida y, junto a su esposa y cinco hijos, se mudó a Ushuaia, Tierra del Fuego. Sus comienzos no fueron muy fáciles, pues la geografía y el clima de esa ciudad en la Patagonia argentina son muy extremos, así que tras una comunicación telefónica en la cual yo le contaba con lujo de detalles lo bien que había encontrado todo en nuestra nueva casa en México, escuché su situación y me di cuenta de que su realidad era completamente diferente.

Conocer su situación nos permitió tomar la decisión de ayudarlo en la búsqueda de una vivienda abrigada. Para lograrlo, tendríamos que desprendernos de nuestro único automóvil. Como en México hay buen sistema de transporte público, *no sería problema. Y, aunque decidimos desprendernos del transporte familiar único, Dios, que conoce el corazón de las personas, movió el corazón de alguien en la empresa de Esteban y no hubo que materializar la decisión. Nos dieron un bono equivalente al precio del auto por la disposición a instalarnos en México. Fue lo suficiente para que mi hermano y su familia tuvieran su primera casa en Ushuaia. Esteban siempre está dispuesto a tender una mano y Dios está dispuesto a no dejarse ganar.*

"Dios está dispuesto a no dejarse ganar".

La despedida de Las Heras y de toda la familia fue dura, pero teníamos la esperanza de ver pronto a mi mamá, quien nos visitaría quedándose seis meses con nosotros en México. A ella se sumaría Fernanda durante sus vacaciones de verano. Dejar un pueblo de 13 000 habitantes para ir a vivir al D.F. con casi 22 000 000 de habitantes asusta a cualquiera. Sin embargo, Esteban no dudó en preparar hasta el último detalle para cuando llegáramos al departamento en Colonia Polanco. Todo estaba en su lugar. Asimismo, contrató a una señora para cocinar y para la limpieza. Qué alivio. Fue de mucha ayuda, sobre todo, para los primeros tiempos de adaptación y conocimiento del lugar. Hicimos muy buenos amigos, nuestros hijos también, crecimos como familia y, allí, se sembró en nosotros la semilla del Evangelio. ¿Qué más se podía pedir?

Pero también, ocurrieron cosas muy difíciles: mi mamá estaba enferma y lucía como algo muy serio. Resolvimos que yo iría a Argentina para poder ayudar a mi mamá llevándome conmigo a "Marita", de 2 años. Los demás chicos se quedarían en México.

Tengo gratitud constante por los preciosos amigos que

durante mi ausencia y, luego, la de Esteban, ayudaron con Martín, "Seba" y Agustín.

Al llegar a Argentina, fui directo al hospital, en donde me di cuenta de que los exámenes que le habían hecho a mami mostraban un tumor cerebral que debía ser operado a la brevedad. Pasó la operación, la recuperación y, mientras continuaba la espera de un tratamiento, regresé a México.

Un mes más tarde, me llamaron para avisarme que mamá estaba desahuciada: sus tumores se habían multiplicado. Qué noticia terrible, más, estando tan lejos. Tuve que tomar una decisión y esta fue regresar a Argentina hasta que fuese necesario. Los chicos estaban en vacaciones de verano, así que nos fuimos con la creencia de que podía ser para largo. Fue solo una semana antes de que mami falleciera que nos instalamos nuevamente en la "casita", mientras Esteban continuaba trabajando en México. Estábamos muy tristes y yo tenía la certeza de que debía quedarme, volver a vivir allí, en Las Heras. Fernanda solo tenía 15 años.

Mientras pasaban los días y Esteban arreglaba su regreso, viajaba regularmente a vernos. Nunca retrocedió en este camino de imprevistos, ¡y vaya que fueron duros! Si había que hacer algo, lo hacía; si había que ayudar a alguien, lo hacía; después preguntaba. Es un excelente esposo, padre, hijo, tío, cuñado y amigo.

Fue un tiempo muy duro, pero salimos adelante...y creo que lo hicimos haciendo lo que había que hacer: "estando".

"Hay momentos en los cuales 'estar' es todo lo necesario".

En esa nueva realidad, consideramos conveniente buscar una casa un poco más grande y con un buen patio para permitirles a nuestros hijos y a sus amigos jugar y divertirse. Así que había que buscar y, gracias a un querido primo, supimos de la casaquinta "con piscina" (las comillas son una larga historia que no quieres saber) a dos cuadras de la anterior.

Muy lindos recuerdos de nuestra primera casa, el punto de partida a México y el punto de regreso también.

De nuevo en Las Heras, pude reencontrarme con dos de mis sobrinos que casi no conocía, Hipólito y Leandro. Y en una visita de "Juany", mi hermano, con su hijo menor, Juan Manuel, me ayudó a llevar todas las cosas a la casa nueva y fue por Esteban al aeropuerto para darle, al regresar, la sorpresa de que ya estaba hecha la mudanza. Te extraño, hermano del alma.

Julio de 1992 fue un invierno muy crudo en Argentina, así que me resultaba muy conveniente llevar la "montaña" (literalmente) de ropa al único Lave-Rap (un establecimiento de lavanderías) que había en Las Heras. Allí, trabajaba Mercedes.

Un día, llamaron a la puerta y, cuando salí a ver, era Mercedes, quien era una señora muy dulce y amable, y que sospechaba que necesitaría de su ayuda para planchar todo lo que lavaba en el Lave-Rap. Y sí, ¡cómo no aceptar su ofrecimiento! Tenía la idea de que ella era evangélica, yo no sabía mucho de eso, pero su testimonio y sonrisa dejaron ver quién era y a quién servía.

Ya en Miami y, después de aceptar al Señor Jesús como Señor y Salvador, entendí quién era Mercedes. No dudé en llamarla por teléfono y contarle de nuestra decisión. Ella no solo se alegró, sino que también me contó que ella oraba por nosotros desde que comenzó a trabajar en nuestra casa.

Luego de eso, y como ya saben, a la propuesta única de trabajo en Miami, le sugerí a Esteban: "Probemos 6 meses", sin imaginar que nuestras vidas darían un giro de 180 grados.

El Señor nos cambió la vida y nos regaló amigos entrañables. Y, todavía, nos dio motivación y fuerzas para orar para tener a nuestro quinto retoño. En marzo de 2000, llegó nuestro deseado hijo de la promesa, Juan Patricio.

Hoy, junto a Esteban, nuestros cinco hijos y ya con siete nietos, los Fernández somos un "clan". Podemos decir, con alegría y agradecimiento, que hasta aquí nos trajo el Señor.

Y ya los voy dejando con esta afirmación: Esteban camina la milla extra no solo por nosotros, su familia, sino también por la familia extendida, por los amigos y por la Iglesia. Que Dios bendiga a cada uno de los que lean este hermoso libro.

Unos hijos de oro

Continúo yo, Esteban.

Pues bien, son 36 años de feliz matrimonio desde aquel abril de 1980. Llegaron los chicos y vivimos dos años en Buenos Aires, en la capital argentina. Allí, Patricia trabajó en una prestigiosa clínica de salud y recién hace unos años, ella les contó a nuestros hijos que, siendo profesional, tuvo que salir a trabajar y que, muchas veces, se quedaba sin comer al mediodía porque no le alcanzaba el dinero, y yo nunca me enteré, nunca. Nunca me lo dijo. Jamás. Eso dice mucho de Patricia. Fue una mujer muy valiente que decidió formar una familia.

Nuestro primer hijo llegó casi a los dos años de casados, en noviembre del 81, y lo llamamos Juan Martín. Aunque habíamos decidido esperar, nos ganaron las ganas de ser padres. Antes del año de nacido, decidimos tener otro bebé y, en mayo del 83, llegó otra bendición grandísima a nuestra vida, que llamamos Juan Sebastián.

Ya con más trabajo, relajados y viviendo en el pueblo, pensamos: "¿Y qué si encargamos otro?". Y así, llegó Juan Agustín en febrero del 85.

Toda la familia extendida se preguntaba si "iríamos por la nena", de modo que decidimos intentarlo. Para nuestra grata sorpresa, en abril de 1989 y con un traslado importante para toda la familia, llegó finalmente María Laura ("Marita"). Casi no lo podíamos creer: después de tres varones, llegó la mujer. Patricia decía: "Dios, si es nena, que sea bonita", y hasta eso nos regaló el Señor, a lo que le agrego que la bendición se extendió a las nietas.

Dos meses después del nacimiento de "Marita", nos mudamos a México. Cuando nos trasladamos, Patricia tuvo que dejar la profesión para dedicarse cien por ciento a la familia, a los cuatro chicos, a conocer esa enorme ciudad y a alentarme a mí, a soportarme y a mantenerme arriba cuando me bajoneaba la nostalgia. Porque, como recordarán, yo lloraba hasta tres veces con cada carta que nos llegaba a casa: nuestra casa era México ahora, y no Argentina.

Mi suegra nos acompañó 6 meses y, luego, María Fernanda, mi cuñada, llegó por 3 meses. Estas visitas nos ayudaron muchísimo, en especial a los chicos, que disfrutaron y aprendieron mucho con su abuela "Chila", como le comenzaron a llamar los hijos de "Juany", mi cuñado, a su regreso del exilio.

Somos y nos hemos mantenido inseparables, por lo que, más tarde, nos mudamos todos juntos a Miami y el Señor continuó abriendo puertas, no solo en cuestiones laborales o profesionales, sino además, ministeriales. Y Patricia ha andado conmigo en un camino espectacular, tanto en nuestra propia casa como en la Iglesia, siempre sirviendo. Cuando estaba en Editorial Vida, sirvió también, no como empleada, lo hizo viviendo la visión del hombre de la casa y eso fue muy fundamental para sostenerme.

Me ha acompañado y, juntos, hemos viajado un montón de millas. Dios nos ha llevado a dar conferencias por un lado y por otro. Una vez, en 2003, mi buen amigo Omar Daldi me expresó: "Esteban, te veo viajar tanto con tu esposa... Seguramente tienes alguna adicción". "¿Sabes? Tienes razón. Mi adicción es una exnovia argentina que se llama Patricia", le respondí.

En Argentina, nacieron nuestros primeros cuatro hijos, a los cuales vimos crecer en México y Miami. Al tiempo, casi 11 años después, llegó nuestro quinto hijo: Juan Patricio. También, le dimos la bienvenida a Isabel, Mariángeles, Isabela y Charles, que son otra historia, pero también, parte de la historia.

Nunca me había visto viviendo en Estados Unidos y menos pensé en buscar para mis hijos la posibilidad de vivir allí. Pero debo decir, con gratitud, que este es un país que les ha dado muchas oportunidades, ya que todos hicieron sus carreras con becas por sus méritos y empeño.

Si eres una persona que quiere salir adelante, debes formarte. Deseábamos que se graduaran de la universidad y que estudiaran en Miami. Lo hicieron así. Ya después, tendrían tiempo y madurez para realizar otras especializaciones o maestrías y, por supuesto, trabajar en lo que hubieran estudiado, pensando en cómo bendecir a sus futuras familias. De hecho, dos de ellos obtuvieron maestrías y todos trabajan en el área en que se prepararon.

Dios nos ha bendecido al darnos los hijos para que los cuidemos. Nuestros hijos nos han acompañado en este largo viaje, adaptándose a los distintos lugares y circunstancias y, sobre todo, sin reprochar nada. Hoy en día, estamos cercanos física y emocionalmente, disfrutando de sus familias e hijos, incorporando nueras, yerno y un legado de 7 nietos…por ahora, pues anhelamos, con Patricia, ver también a los hijos de "Juampi".

Dios ha sido bueno. Y pensar que María Laura fue quien nos motivó a buscar al Señor. ¡Dios te bendiga, hijita!

Juan Patricio: El hijo de la promesa

Entre nuestro hijo mayor y el menor, hay 18 años de diferencia. "Juampi", nuestra promesa, recién cumplió sus 16 años. Buscamos a Juan Patricio cuando entregamos nuestra vida al Señor en 1995. Empezamos a orar, deseábamos que el Señor nos bendijera con la posibilidad de tener un hijo o una hija que fuera nacido en hogar cristiano y pudiera decir: "Yo nací en un hogar cristiano; soy cristiano de segunda generación".

En octubre de 1998, Patricia perdió un embarazo, lo que nos causó dolor y desconcierto. Pero saber que Dios estaba en control nos permitió animarnos. Para entonces, estábamos sirviendo en Casa de Misericordia, una iglesia liderada por el pastor Larry Couch y su esposa, Linda.

Fue un tiempo muy especial y con un grupo de personas comprometidas y muy diligentes para con nosotros; un tiempo en que creíamos que nos "tragábamos al mundo".

Congregándonos allí, el pastor Juan José Churruarín fue invitado un domingo de mayo a predicar gracias a que había participado en *Expolit* (la feria cristiana de publicaciones más grande en español que te comenté anteriormente). En el momento de la ministración, tocó el vientre de Patricia y le dijo: "El Señor está trabajando en tu vientre". Patricia pensó que estaba hablando de la pérdida que había tenido. Para nuestra sorpresa y como muestra del gran amor de Dios, en julio de ese 1999, descubrimos que Patricia estaba embarazada. Dios estaba trayendo vida nueva a su vientre. El 9 de marzo de 2000, nació Juan Patricio, el hijo de la promesa.

Nosotros somos cristianos de primera generación y llegamos a considerar, por mucho tiempo, adoptar un hijo, pero Dios nos dijo que nos iba a regalar uno biológico y recibimos a Juan Patricio como hijo de la promesa.

El Señor cumplió y extendió su favor al sanarlo en el vientre de su madre de una malformación en su cerebelo. Patricia, con 39 años, estaba embarazada, esperando, no el hijo de nuestra vejez, pero sí de nuestra adultez media. Supimos que las cosas no andaban bien cuando el médico lo detectó y nos lo dijo. Luego, llegó la pregunta de si queríamos tenerlo. Le respondimos que fuera lo que fuera, no íbamos a abortar, lo recibiríamos como llegara, pues los hijos son un regalo de Dios y no podemos disponer de vidas ni jugar a ser dioses.

Pedimos oración y oramos con fervor, creyendo que Dios nos estaba escuchando. Y en los siguientes estudios que le realizaron a Patricia, supimos que ya no había nada de qué preocuparse, todo estaba bien.

Creemos que hubo un milagro allí mismo. Ya habíamos recibido una palabra de parte de un distribuidor nuestro en Nueva York, mi querido amigo fallecido Rubén Greco, quien nos había dicho: "Dios hizo un milagro en la vida de tu hijo". Y, ¡oh, sorpresa!, cuando fuimos a revisión, él ya no tenía nada. ¡El bebé estaba completamente sano!

Juan Patricio es una bendición, es un hijo precioso que ama a Dios y le está sirviendo después de decidir bautizarse cuando cumplió los 12 años. Asimismo, ama a sus hermanos profundamente. Vivimos y compartimos con él y nos divierte en sobremanera. Quienes lo conocen dicen que es un clon mío.

Afortunadamente, he hecho cosas con él que no logré hacer con ninguno de los otros. El primer baño, la primera comida, el primer sueño, todo. Con los demás, me desentendí porque estaba en el "mundo ejecutivo" o estaba viajando...Y dicho con todas las letras y de frente: porque era un machista y pensaba que "esas cosas" debían hacerlas las mujeres. Pero con "Juampi", me dispuse a ser papá y tener una comunión distinta.

Los hermanos lo quieren muchísimo y ya es un joven tío de sus 7 sobrinos, que ha crecido viendo crecer a la familia y conviviendo en pruebas y logros, y siempre juntos, apoyándonos, porque para eso es la familia. ¡Y hasta tuvimos perros dentro de la casa!

LECCIONES PERRUNAS
(VIDA DE PERROS)

Una noche, luego de salir de la iglesia, llegando a casa Patricia, María Laura, "Juampi" y yo, vimos movimientos en un arbusto en la entrada. Les dije que tuvieran cuidado porque parecía ser un animal. Y efectivamente, lo era. Cuando bajamos del auto, vimos un perro completamente amedrentado, un verdadero despojo que estaba sarnoso y parecía moribundo.

Veíamos con dificultad por estar obscuro, pero al observar mejor, notamos que tenía un pelaje que, de seguro, antes, llegó a ser hermoso, pero ahora, estaba en una condición horrible. El animal estaba muy lastimado en la cara y las patas; de hecho, no podía caminar, apenas se arrastraba.

Inmediatamente, llamé al Servicio de Animales, mientras María Laura traía un poco de agua para darle. Algo temerosos, entramos a la casa con extremo cuidado para evitar contagiarnos, ya fuera de sarna o de lo que pudiera tener.

El Servicio de Animales me contestó que ellos no tenían servicio de emergencia para recoger animales. Me aconsejaron que llamara al día siguiente para que, de esa manera, dentro de los siguientes 3 o 4 días, pudieran pasar a buscar al animal.

Insistí en que se trataba de una emergencia, diciéndoles que si el animal padecía de rabia, era una situación de peligro para mi familia y mi pequeño hijito. Ellos se limitaron a contestar que no podían hacer nada al respecto. Viendo esto, decidimos que "Marita" llevara agua y algo de comida por detrás, y ella, rodeando nuestra casa, logró encerrar al perro en nuestro jardín, desde donde por lo menos no se escaparía hasta que vinieran a buscarlo.

"Scooter", nuestra propia mascota, estaba adentro totalmente exaltado, ladrando, muy celoso porque había visto un animal en su casa, su territorio, y solo los separaban los 6 milímetros del vidrio de la ventana. Grande fue nuestra sorpresa al día siguiente cuando nos levantamos para ver si el perro había sobrevivido. Lo encontramos parado, comiendo y tratando de comunicarse con "Scooter" a través del vidrio.

En ese momento y con una mirada distinta, dije que no iba a esperar 4 días. Así que puse unas toallas en mi auto y subí al perro para llevarlo al Centro de Animales. Tristemente, esto era garantía de su muerte por la sobrepoblación que ellos mantienen.

Acomodé al perro en el asiento posterior y, al mirarlo por el retrovisor, vi que el animal estaba expectante de lo que yo hacía. Tomé un camino diferente y, en vez de ir al Centro de Animales, me dirigí a consultar al veterinario de "Scooter". El profesional no demoró mucho en hacerme tres precisiones: "Esteban, mira, este animal no es perro, sino una hermosa perra; tiene unos 7 años y, definitivamente, es un animal muy fino". Agregó que a pesar de estar tan maltratada, estaba muy bien de salud.

Resultado de todo esto: adoptamos a la perra. Mi veterinario, bueno, el de "Scooter", la vacunó y quedó bautizada como "Hope" (esperanza). De regreso a casa, iba con una perra diferente, bañada, perfumada y con moño. La perrita, aun con vestigios de sufrimiento, se veía preciosa. Por lo menos, para mí.

"Scooter" tuvo que acostumbrarse a convivir con ella. Lo que fue obvio era que, cada día, a "Scooter" le costaba menos ceder espacio y mejoraban en su relación hasta el punto de que terminó cuidando a "Hope". En las mañanas, iba y le lamía el hocico y, poco a poco, la parte de arriba del hocico donde había una herida grande, fue sanando.

Te cuento esto para llevarte a esta reflexión: llevamos heridas que están en lugares donde nosotros no podemos acceder y que no nos las podemos curar solos; necesitamos a otro que nos venga a curar. Por eso es tan importante mostrarlas, de otra forma, tal vez, nunca se curen.

En pocos días, caímos en la cuenta de que era la perra de nuestros vecinos del otro lado de la cerca, y que se llamaba "Maggie". Se había lastimado tratando de cruzar la cerca de alambre que separa las casas. Acostumbraba a vivir fuera de la casa y al pasar mucho tiempo a la intemperie, el clima de Miami la había afectado mucho.

Les dijimos a los vecinos que la vinieran a buscar, que con gusto se las dábamos junto con la factura del veterinario, pero que si querían dejarla con nosotros, la adoptábamos. Con mucha tristeza, nos despedimos de "Hope". Pero al día siguiente, eran ellos los que se despedían de "Maggie", porque ella ya no quería estar afuera ni tampoco quería tomar sus medicinas. Entonces, tuvimos a "Maggie" de vuelta.

Ya "Maggie", o mejor dicho de este lado de la cerca, "Hope", no está más con nosotros, porque no tenía 7, sino 13 años, estaba muy viejita y descuidada por haber vivido en el exterior. Deduzco que Dios le dio una oportunidad y pudo estar dentro de nuestra casa y no terminar sacrificada. La lección aprendida es tan sencilla como profunda y valiosa: Dios quiere tenernos dentro de casa, su casa. Él es quien nos protege.

"Scooter" ya se fue también, repentinamente, a sus 8 años. Fue un perro obediente y un buen compañero que amaba a "Juampi" y a nuestros nietos. Su defecto era que cuando le abrías la puerta a alguien, él se colaba por debajo de las piernas de quien abriera y se iba más rápido que ligero, y era muy difícil traerlo de regreso a casa.

No había nada que pudiésemos hacer para traerlo, nada. No valía llamarlo, gritarle, amenazarlo, sobornarlo. Nada. Volvía cuando le parecía. Lo "único" que teníamos que hacer era dejar la puerta abierta y desaparecer. Al rato, regresaba con la cola entre las patas y una mirada que valía mucho más que mil palabras. Muchas veces, reflexioné sobre estos episodios, y lo comparé con actitudes humanas, con las historias de aquellos que "salen y se escapan" de la casa y, luego, no saben cómo regresar, o están queriendo volver, pero no se animan. Así que tengan cuidado, manténganse dentro de la casa para protección, porque a veces, cuando nos vamos, después nos cuesta mucho más volver a entrar. Algunos tratarán de llamarnos por nombre, otros, gritando, otros, amenazando y otros tratarán de traernos de regreso "con galletas". Pero creo que la manera más efectiva de que nos hagan recuperar la confianza es dejándonos la puerta abierta, para que después, nosotros entremos solitos con la cola entre las patas.

Hospedando ángeles

Como parte de criar la familia, otra cosa que siempre nos gustó hacer fue abrir nuestra casa y dar hospedaje. La Biblia dice que, a veces, sin saberlo, hospedaríamos ángeles, y esto lo vivimos, fue real para nosotros.

En ocasiones, Dios envía personas que terminan siendo ángeles. En cierta oportunidad, yo pensé que estaba hospedando a unos muchachos de Argentina, primero a uno y, luego, a dos más, para hacerles el favor de alojarlos y para que, a la vez, mis hijos aprendieran a convivir y a compartir su dormitorio y sus espacios, pero la historia no fue así.

> "No escribimos la historia, vivimos la historia que Dios nos escribe".

Te cuento cómo se dieron las cosas. En 1995, cuando estuvimos listos para empezar una nueva etapa de nuestras vidas en Miami, quedó en Argentina, ya sin mis padres, mi única hermana, María Teresa, internada en una clínica de apoyo psiquiátrico.

Desde joven, había sido diagnosticada con una enfermedad mental y tenía frecuentes recaídas. Tuve que dejarla internada en la ciudad de La Plata, capital de la provincia de Buenos Aires.

Esto para mí era un dolor enorme. María Teresa es dos años mayor que yo. Siempre fue destacada en el colegio. Una chica brillante, muy talentosa e inteligente, definitivamente, mucho más inteligente que yo, si es que puedo llamarme así. Sabemos que, como todos, estaba en el mundo para bendecir a muchos.

En uno de mis viajes de trabajo en Editorial Vida, debí ir a Argentina junto con el pastor Alfonso Guevara. Visitamos a unos clientes y el vehículo que usábamos lo conducía el hermano Miguel Bosco, de la Comunidad Cristiana (recuerden que esa es nuestra iglesia).

Con Miguel y su familia, tuvimos una muy grata conversación de cuando nos conocimos en casa de nuestros queridos "Lito" y Erma.

Un día que terminamos temprano las actividades en Buenos Aires, les pregunté: "¿Me acompañan a La Plata para ver a mi hermana?". La Plata queda como a 60 kilómetros de Buenos Aires. Fuimos y oramos por ella. Me reconoció y todo estuvo bien, pero la encontré muy triste y muy desmejorada en su aspecto. Me partió el alma. Lloré toda la visita, así como el viaje de regreso a Buenos Aires. Tanto Alfonso como Miguel son testigos de esto y, ahí, lo dejamos por respeto a la privacidad.

Miguel me dijo que uno de sus hijos tenía el sueño de estudiar inglés y le comenté: "Sabes que lo recibiríamos contentos en mi casa". Al mes siguiente, ya estaba Bernabé con nosotros en Miami.

Paralelo a ello, Miguel y Susana, los padres de Bernabé, y algunos hermanos de la Comunidad Cristiana empezaron a visitar frecuentemente a mi hermana en la clínica. Todos los domingos la visitaban, le llevaban comida, la peinaban y cuidaban, tanto a ella como a los que estaban con ella.

Ese fin de año, fue el último que trabajé en la revista y como despedida me regalaron los pasajes de avión a Buenos Aires con toda mi familia.

Programamos ir en diciembre para pasar las fiestas, pero a principios de diciembre de 1997, el doctor de la clínica de La Plata llamó a Patricia y le informó que teníamos que sacar a María Teresa. Se habían ido a bancarrota y debían dar de alta a todos los enfermos. Para nosotros fue tremendo, porque aún nos faltaban 15 días para llegar allá y no teníamos idea de qué hacer con ella ese lapso mientras llegábamos y resolvíamos.

Miguel y Susana Bosco seguramente se enteraron de la situación por su hijo, que era nuestro huésped, y nos llamaron para decirnos: "Mira, sabemos lo que está pasando con María Teresa y queremos traerla aquí a la casa con nosotros mientras ustedes llegan".

Les agradecimos y la tuvieron esos 15 días. Cuando llegamos a la Argentina, ellos fueron, con mi hermana a bordo, a visitarnos a nuestra quinta de la ciudad de General Las Heras. Para nuestra sorpresa, nos manifestaron que para ellos sería un privilegio, un honor, si nosotros los dejábamos hospedar a mi hermana en su casa.

En marzo del año 1998, por medio de esta hermosa familia, mi hermana se convirtió, aceptando a Jesús como Señor y Salvador. Se bautizó, creció bajo el discipulado del pastor Daniel Divano y su esposa, Elsa, en la Comunidad Cristiana de Buenos Aires ¡y el Señor la sanó! ¿Puedes entender esto? ¡Fue sanada completamente!

Después de 40 años de haber sufrido tanto, el Señor la

restauró totalmente. Por supuesto, ella visita al médico para hacerse sus controles. Gracias Dr. Rota y Élida.

Más tarde, pudo ir a vivir sola a Buenos Aires, en un departamento que el Señor le permitió tener sosteniéndose con su pensión de retiro, y sirvió como voluntaria en un hogar de la tercera edad, bendiciendo a un montón de abuelos con su profesión: profesora de educación física.

Actualmente, está retirada, llevando una vida normal y tranquila, sirviendo a Dios y congregándose en la Iglesia del Centro, que pastorea nuestro amigo y pastor Carlos Mraida.

Y todo porque simplemente decidimos hospedar a un hijo de Dios que terminó siendo un ángel sin saberlo. Definitivamente, nunca sabemos a quiénes estamos hospedando y cómo Dios responderá.

Yo sé que nuestra decisión de abrir las puertas de casa bendijo a mi hermana. Las bendiciones, a veces, no te llegan a ti directamente, y no importa, no hay ningún problema. Las bendiciones están y Dios las pone en el lugar donde más se necesitan.

Pero pensándolo bien, ¿sabes qué? Lo cierto es que la bendición de hospedar a un ángel, aunque pareciera que no fue para mí, también lo fue. Absolutamente. Mi hermana necesitaba ayuda y, al estar ella bien, a mí me dio paz, a mi familia le dio paz, a mis hijos les dio paz, esa que solo quienes aman a Dios pueden sentir. Esta paz no se puede entender, solo vivir. Un simple hecho desinteresado, pero apreciado por Dios, cambió el futuro y el porvenir de mi hermana y, de paso, nos dio a todos esa paz que sobrepasa todo entendimiento (Filipenses 4:7).

Tal vez, nunca sabremos que hospedamos ángeles, pero sí estamos seguros de que Dios nunca se queda con nada de nadie. Él bendice siempre.

Bernabé, a su tiempo, viajó a Canadá. Después de él,

hospedamos a su hermano, Natanael, quien convivió con nuestros hijos y, asimismo, fue de bendición para nosotros. Luego, también, viajó a Canadá. Ambos ya se casaron y cada uno formó una hermosa familia. ¡Gracias por bendecir nuestras vidas!

Por el año 2001, trajimos a casa a un muchacho que mis hijos conocieron en la iglesia Elim, como nos gusta llamarla. Roberto era un chico de la provincia de Misiones, en Argentina, que había visitado Miami buscando ayudar a su familia. Estaba solo, viviendo en una habitación y nosotros le dijimos: "Quédate en nuestra casa; ahora, será tu casa". Lo "adoptamos" y lo tomó tan en serio que hasta el apellido quiso cambiarse, a lo que le sugerí que no era necesario: "Ya eres mayor de edad, pero siempre serás nuestro hijo de todas maneras".

Mientras escribía este libro, Roberto se graduó como enfermero registrado (R.N., *registered nurse*). Lo acompañaron su esposa, Vanessa, sus dos hijas, y no podía faltar Patricia, su mamá del alma. Porque cuando alguien de la familia cumple una meta, se celebra. Para eso está la familia.

Hemos seguido recibiendo gente y mis hijos saben que donde hay lugar para uno, también hay espacio para alguien más. Siempre haciendo la voluntad de Dios, debemos abrir las puertas, la cocina, los "placares" (los roperos o armarios, que en Argentina se usa a raíz del francés *placard*). Hay que abrir la casa, porque vivir cómodos no creo que sea el método divino, el método de Dios es compartir, hacer lugar siempre para uno más.

DESOCUPANDO EL GARAJE

Cuando entregamos nuestra vida al Señor Jesús, sentimos que teníamos que preguntar el procedimiento para diezmar, el cómo, cuándo y dónde. Afortunadamente, en casa nunca tuvimos lucha con eso: el concepto de dar siempre ha estado en nuestro ADN. En nuestra vida anterior, antes de conocer a Dios, jamás nos costó dar ni debimos recibir enseñanza alguna sobre eso. Entendimos claramente que dando es como recibimos y que la siembra desinteresada en los demás es lo que agrada al Señor. Esto es especialmente así para quien ama completamente a Dios y le entrega todas las áreas de su vida, empezando por uno de los "órganos" más sensibles del ser humano: la billetera.

Tenemos innumerables testimonios de lo que Dios ha hecho a través de los actos desinteresados de dar.

En 1996, estando en Miami, con poco menos de un año de convertidos, Patricia y yo salíamos de un servicio y recordé que hacía poco había llegado una familia muy querida. Se estaban mudando y tenían dificultades para transportarse de un lado para otro. Nosotros teníamos dos automóviles usados y sentí un llamado en el corazón, una necesidad imperiosa, en el que Dios me dijo: "Esteban, entregale tu carro a esta familia. Vos tenés dos". Me volví a mi esposa y le dije: "Patricia, mirá lo que siento…Debemos dar el carro a nuestros amigos". Ella me contestó, con la mayor naturalidad: "Ya está, entregalo".

Fuimos hasta su hogar y, cuando nos abrieron, les dijimos: "Venimos a regalarles este carro y lo único que les pedimos es que nos lleven de vuelta a casa, pues no tenemos cómo regresar". Ya se imaginarán la cara que pusieron al recibir las llaves y los papeles.

Ese domingo en la noche, descansamos satisfechos de cumplir con lo que había que hacer.

Al otro día, no a la otra semana ni al otro mes, al otro día, el contador de la organización donde yo trabajaba me expresó: "Necesito que me acompañes a hacer un trámite", y me llevó a una concesionaria de la Ford.

Para mi sorpresa, en Miami, sobre la calle 7, en la Metro

Ford, me entregó las llaves de un auto nuevo indicándome: "Esteban, este auto es tuyo. Anda, estrena tu 0 km".

Dios estaba haciendo algo distinto y a su manera. Yo vivía en The Falls, en un departamento que tenía lugar para estacionar solo dos carros. Si yo no sacaba lo viejo, si no desocupaba el garaje, no podía recibir lo nuevo que el Señor tenía para nosotros al día siguiente.

Me entregaron las llaves de un nuevo Ford Escort. Mi obediencia hizo que no se demorara el regalo que el Señor, sin yo sospecharlo, me tenía preparado.

Esto lo cuento como testimonio, porque aprendí algo importante: hay que desocupar el garaje para traer cosas nuevas.

Esto de desocupar el garaje se volvió una rutina en nosotros. Cada vez que notamos que estamos acumulando cosas, de la misma manera, las vamos sacando, porque el acaparar no creo que sea el método de Dios. Lo que Él nos entrega no es para acaparar.

Recuerdo una prédica de Orville sobre Abraham referente a la tienda y al altar. Abraham se caracterizó porque cada vez que Dios le llenaba la tienda, él la vaciaba y la ofrendaba en el altar. Así, él vivió su vida y Dios nunca le dejó de dar. Les aseguro que, hasta el día de hoy, Dios ha sido fiel con nosotros.

Y esto me lleva a retomar un par de cosas. Primero, cuando nos despojamos de esa área en la que acostumbramos acumular cosas, luego de hacerlo, vamos a comprobar que Dios restituye cosas todavía mejores. Por eso, cuando hemos sentido la carga de que algo es para dar, lo hemos dado sin dificultad y siempre lo hemos entregado sin demora.

Y, segundo, nunca hemos especulado, es decir, nunca pensamos: "Vamos a guardar esto porque lo vamos a necesitar después". Dios no especula, el ser humano, sí. Dios no es un Dios de momentos.

No importa qué, ni el tamaño o el momento. Lo que sea.

Debes tener un corazón dispuesto a renovarte dando a otros. Si tienes un juego de muebles, quizás él no te dará otro juego de muebles. Pero si te propones bendecir a alguien que necesita, es muy probable que el Señor lo haga en su tiempo, y lo haga bien. Todo: el llamado, el tiempo, la persona y la bendición. ¿Sabes? Dios usa tu bendición para bendecir a otros y, de paso, te bendice a ti.

"Dios usa tu bendición para bendecir a otros.
Debemos ser un puente para bendecir".

La bendición de Dios conlleva la responsabilidad de entender que somos administradores de Dios, mayordomos de lo que Dios nos ha entregado. Tenemos que comprender, conocer y vivir el contentamiento de que hay cosas que tenemos solo porque Dios nos las dio para que se las diéramos a otros.

La generosidad tiene que ver mucho con el tema de la libertad financiera. Para que nos vaya mejor, tenemos que entender que debemos planificar ordenadamente.

También, tiene que ver con otro elemento. Lamentablemente, a veces, a muchos les resulta difícil soltar lo que tienen; no solo cosas materiales, también, un título, una posición, una idea. Les es difícil soltarlo y eso se convierte en un ídolo, porque uno termina muy aferrado a poseer, aun descuidando las cosas que posee, aunque esto suene redundante.

Lo tuve muy claro dos años antes de salir de Editorial Vida. El Señor comenzó a incomodarme con lo que sería un cambio en mi vida. Ya esta posición no era la que Él quería para mí. Quería otras cosas en mi vida. Aquí, es cuando llega el momento en que Él te pide que te muevas y lo debes hacer porque Dios ya te está preparando. No te costará, no lucharas con eso. Si dispones tu corazón, ya no te dolerá soltar lo que tú crees que podría ser tu tesoro más grande, que en realidad resulta ser un plato de lentejas.

Si en tu corazón existe un sentimiento de pesar, pena o lástima por deshacerte de algo, por pequeño que sea, puede crear una conducta egoísta, de falta de generosidad. Te recomiendo el libro de Ken Blanchard y S. Truett Cathy. Todo se resume en el título: *El factor generosidad: Descubra el gozo de dar su tiempo, talento y tesoro.* La obra cuenta un poco la historia de Chick-fil-A, una cadena de restaurantes de comida rápida que nunca abre los domingos, y enfatiza cómo, a través del dar, ellos recibieron el don de ser una de las empresas más grandes de Estados Unidos, pero que rinde a Dios todo. En su forma y en su concepto.

Reitero, no dejemos que esa incomodidad, molestia o dolor en dar haga que siempre dejemos "el dar" para otro día. Cuando te vengan esas ideas locas de que tal cosa no es más para ti, debes ser arriesgado y creerle a Dios, porque es Dios el que te está pidiendo eso.

Si me permites un consejo, haz como nosotros y empieza a vaciar tu garaje. No guardes cosas que no vas a usar nunca. Las tienes ocupando espacio, entonces, no las tiene quien verdaderamente las necesita y ocupa un lugar que a ti te hace falta para otra cosa que no tendrás por falta de espacio. Piensa por un momento: ¿cuántos objetos tienes en casa que seguramente ya no usas? ¡Y que probablemente jamás se usarán, pero se siguen guardando! A algunos les duele deshacerse de eso. Pero solo si las entregas, llegará la renovación.

El Señor Jesús lo dice tan claramente referente al vino y los odres…(Mateo 9:17; Marcos 2:22). A veces, no podemos recibir más porque tenemos los lugares ocupados. Cambia el concepto totalmente. Un buen ejercicio es hacer una revisión de todo lo que tienes y que otros estén necesitando al menos una o dos veces por año. Aquello que no estés usando, regálalo. Sácalo. Despréndete. Desocupa tu garaje y prepárate. Te sorprenderás.

La evidencia de que un líder tiene las raíces suficientemente profundas como para conferir autoridad y responsabilidades está en las pequeñas cosas del corazón que no le cuesta soltar, en que va a estar más interesado en el bien común que en el bien propio. No significa que a todos les irá bien y a mí no. En absoluto. Pero no me puede ir bien solamente a mí: eso demuestra un gran problema de liderazgo.

Cuando uno está manejando una organización donde al único que le va bien es al de arriba, las cosas están mal. Un verdadero jefe es líder y el líder debe tratar de ayudar a toda la gente para que a todos les vaya bien. Eso se evidencia con el ejemplo a través de la generosidad y la bondad.

Hay un riesgo, y es que vas a tener mucha gente que vendrá por interés, pero ese no es tu problema. Eso es problema de Dios y del Espíritu Santo. Nosotros no debemos estar juzgando eso. Jesús sabía a quién tenía a su lado y lo que le esperaba. Él tuvo gente que solo lo acompañó por interés, que no le perdonaron que se despojara de todo, incluso del título y de la autoridad, y lo traicionaron.

Mira a Judas. Una de las cosas que él quería era un líder fuerte, ese líder que los iba a sacar a todos y los iba a enriquecer como pueblo, como nación, pero Jesús vino y dijo: "No señor, las cosas no son así. Son diferentes". Si le sucedió a Jesús, te va a pasar a ti. Se te va a arrimar gente por interés, pero Dios nos cuida, confiemos en eso y todo eso nos va ayudar. Además, lleva a que el corazón nuestro no se aferre a área alguna.

La vida, también, es constante movimiento. He tenido muchas mudanzas y, generalmente, son un dolor de cabeza, pero todo obra para bien. ¿Qué es la vida si no una mudanza continua? Donde uno va, va mudándose de espacios, lugares, tiempos, posiciones, cargos, títulos.

Si uno no se muda, uno no crece. Y hay que cambiar el talle de la ropa cuando crecemos. En el plano espiritual, es igual. Muchas veces, nos quedamos en zonas de confort y se nos va la vida volviéndonos viejos sin trascender.

Hay que estar abierto a lo que quiere Dios. Así sea cambiar de ciudad o de país. Hay gente que solamente fluye en un espacio y está cómoda allí. Quizás solo ejerce influencia en ese lugar para sentirse en un área de confort o para sentirse protegida. Pero, ¿qué pasa cuando Dios te dice: "Yo te voy a sacar de aquí y te voy a poner en Argentina, México, Estados Unidos…"? ¿Y si te dijera: "Te voy a llevar a Europa"? Debes estar dispuesto a obedecer y hacerlo. A veces, importa más el área geográfica que la esfera ministerial, como me pasó a mí.

Cuando uno aprende que es para dar a otros, descubre cuál es la clave. Entonces, vamos a saber que donde Dios nos necesita, es donde debemos estar. Eso es servir a Dios. De lo contrario, solo estamos pensando en resolver las cosas a nuestra manera, inclusive, a través del ministerio. Y son dos cosas diferentes.

Hago el símil con los empleados que reciben su paga regularmente por su trabajo. Hay personas que están muy cómodas en un lugar y lo único que quieren es tener una entrada fija mensual, pero solo están interesadas en lo económico. Tenemos que estar permanentemente dispuestos a movernos en el propósito de Dios y con la seguridad de que Dios lo está cumpliendo en nosotros. Debemos estar dispuestos a dejarnos usar. No es casualidad el lugar en el que estamos.

EL PASEO POR EL PARQUE

Cuando somos movidos a otra posición o trabajo, tenemos que hacerlo de la forma correcta y entender que la etapa que dejamos debe concluir con bendición. No podemos salir en medio de peleas. Una frase que escuché alguna vez dice: "Seremos más recordados por la manera en que salimos de un lugar que por la manera en que entramos a ese lugar".

Puedes prometer mucho antes de empezar o al entregar un plan de trabajo, una visión, pero después, vas a tener un tiempo para cumplir con eso. Luego, al irte, es cuando realmente se hace la evaluación de tu labor. No lo que prometiste cuando entraste, sino qué dejaste a la organización y a las personas al salir. Cuál fue tu legado, qué 'fragancia' dejaste. ¿Hubo lealtad, honor, honra? En fin, todas esas cosas que muestran el carácter del líder al salir. Si te fuiste peleado con la gente o saliste en bendición. Si saliste y dejaste tu lugar aportando o quitando, multiplicando o dividiendo. Todas estas son cosas que definitivamente marcan y hablan más de ti que tu hoja de vida.

Junto con Patricia, en nuestra vida ministerial, salíamos a pasear por el parque y tomábamos decisiones que cambiaron nuestra vida. Al poco tiempo de convertirnos, entré a Editorial Vida. Casi simultáneamente, el grupo hispano donde nos congregábamos y estudiábamos la Palabra comenzó a analizar si seguíamos como grupo o si era el momento de constituirnos en una congregación, con el fin de tener reuniones dominicales en español, entre otras cuestiones. Después de un lapso, Patricia y yo decidimos salir también, pensando que trabajando en Editorial Vida, sería conveniente visitar otras congregaciones. Se lo dejamos saber a nuestro pastor, Orville, quien nos dio su bendición, sin intentar retenernos o cuestionar nuestra decisión.

Llegamos a Casa de Misericordia y estuvimos sirviendo en la obra acompañando a los pastores Larry y Linda Couch durante dos años, hasta que en el año 2000, los pastores se retiraron y se mudaron a Texas. Nos quedamos en el aire, literalmente, y tomamos nuevamente la decisión de buscar una nueva congregación.

En este punto, quiero retomar y recalcar la necesidad de todo líder de preparar sucesores, y hacerlo en el mismo momento en que asumimos el liderazgo. No somos eternos ni sabemos en qué momento saldremos de la posición actual. No podemos darnos el lujo de provocar un vacío de liderazgo. Eso no hace bien ni es saludable para nadie. Eso sí, no podemos olvidar que, en el Reino de Dios, no se llega por escalafón, se llega por llamado y, luego, por lo que hay dentro del corazón y por preparación, no por antigüedad.

El traslado y luego reemplazo de los pastores de Casa de Misericordia nos llevó a visitar otras congregaciones con una recomendación especial para conocer al querido pastor Miguel García y a su esposa, Mery. Para nuestra alegría, conocimos al pastor, a su esposa, a su copastor, Rubén López, y su esposa, Sharon, y a nuestros queridos y muy apreciados Ricardo y María Rosa Loguzzo. ¡Qué banquete!

Juan Patricio estaba recién nacido y, todavía, no lo habíamos presentado al Señor. Pero un domingo que visitaba la iglesia, el pastor Milton Pope (ya en la presencia del Señor), nos dio la oportunidad de hacerlo. Fue una honra que fuera el pastor Milton quien lo dedicara. Dios es bueno. Y es que en nuestra primera visita y estando Patricia embarazada de Juan Patricio, el pastor Miguelito, como lo llamaban, pidió a María Rosa que por favor se organizara para hacer un *baby shower* (el ágape que le hacen las amigas a la embarazada obsequiándole regalos para el bebé por nacer) para "Juampi". Todo amor.

Ciertamente, la vida de Juan Patricio formó un antes y un después en nuestra vida ministerial y familiar.

Tristemente, el pastor Miguel se enfermó y partió con el Señor muy rápido. El pastor Rubén lo sucedió y, poco tiempo después, sintió del Señor ordenarme como pastor, reconociendo mi llamado pastoral. Fui ordenado y decidí aceptar el desafío. Tuve el privilegio de ser ordenado en septiembre de 2001. Algunos llamarían a esto casualidad. Pero nosotros, sabemos que son cosas del Señor. Ese día, hubo pastores de muchas denominaciones ordenándome e imponiendo manos sobre mí. Gracias, Rubén.

El Señor estaba diciendo: "Te entrego un ministerio de pastoreo global, un ministerio que afectará a muchas congregaciones". Recuerdo la presencia de los pastores José Silva, Ricardo Loguzzo, Rubén López, Orville Swindoll, la Rev. Aida Diego, Luciano Jaramillo, Darío Silva-Silva, Ramón Justamante, Eduardo Duo, Coralia Reid, entre muchos otros.

La imposición de manos para ordenarme como pastor fue un momento en el que el Señor sellaba un compromiso con cada una de esas denominaciones que ese día estaban reconociendo mi llamado a ser pastor. Ser pastor no era una posición a la que yo llegaba y me quedaría quieto. Al contrario, sería para cuidado, aliento, dirección, cobertura, en fin, tantas cosas.

> "Si la gente te reconoce como pastor es porque está esperando de ti algo que se llama servicio".

Luego de nuestro paso por Asambleas Misioneras Elim y nuestro paso por Casa Roca Miami, nos reincorporamos al grupo original de Comunidad Cristiana, donde habíamos nacido con el pastor Swindoll en nuestro caminar cristiano. Hoy día, ya no funciona como grupo, sino como iglesia.

Así pues, me congrego en la Comunidad Cristiana de Miami, una iglesia para todos. Una congregación que nació, como les conté, con el movimiento de la renovación carismática en Argentina, del cual el pastor Orville fue un miembro muy importante. Allí, me encuentro con mi familia, pastoreando junto a otros pastores amigos. Dos de mis hijos y sus familias se congregan ahí.

Patricia y yo entendimos que ese era el lugar adecuado, ya que por los viajes que implica mi trabajo, siempre necesito de una iglesia donde me pueda sentar a escuchar con mucho cuidado. Necesitamos alimento muy sólido para poder llevar a otras iglesias y alimentar a sus pastores. Realmente, el pastor Orville tiene mucho de eso.

Estamos felices sirviendo de nuevo en casa. Somos una congregación pequeña con muchos pastores. Es decir, la densidad de pastores es mayor que el promedio normal, pero estamos esperando en la voluntad del Señor y dejándonos mover por Él.

Somos testigos de primera mano de cómo Dios está abriendo puertas y llevará a expandir el ministerio al mundo; será un ministerio Internacional. Vemos cómo nuestra iglesia aporta vida a la gente a través de predicaciones, consejerías, seminarios de liderazgo y, aun, en cobertura de otras iglesias que nos están viendo como un movimiento que no tiene agenda propia. Somos un movimiento que está dispuesto a escuchar la voz del Espíritu Santo y a hacer lo que Dios quiere con nosotros sin entrometernos, porque la concepción de dar cobertura no es gobernar.

Hay una diferencia muy grande entre cubrir y gobernar. Cubrir es poder sentarse con alguien y escucharlo, orientarlo, ser sincero, hablarle al corazón y ayudarlo a que sea transparente, con la condición de que esa transparencia sea recíproca: cuando yo te cubro a ti, tú tienes que estar enterado de mi vida también y, si no, no te puedo cubrir. Es como cuando un padre cubre a un hijo: el padre siempre es padre y el hijo siempre es hijo, pero el hijo conoce a su padre y el padre conoce a su hijo.

"Cubrir no es encubrir".

Se ha confundido gobierno con cobertura, asociando la palabra cobertura a control, pero esto no es así. Cobertura es ser mentor a través del ejemplo, con el riesgo de que el ejemplo también incluya las fallas de uno. Yo, proactivamente, te muestro lo que debes hacer y, por defecto, te muestro lo que no debes hacer, qué me está pasando a mí, pero para esto se requiere la voluntad de abrirse.

NO SE TRATA DE MÍ

En este capítulo, lo que quiero hacer ver es que uno puede ser absolutamente efectivo en el llamado y en el ministerio sin tener "el" nombre y "la" relevancia, sino, más bien, solo "siendo" y dando de lo que tenemos, de lo que cada uno tiene en particular, y, en ese proceso, validamos al otro, a quien deseamos bendecir.

En definitiva, uno es un instrumento, un puente para que Dios trabaje en la vida de otros. Patricia, por ejemplo, es conocida por sus abrazos. Ella se toma un minuto para abrazar a las personas y amarlas y ellas sienten eso, se sienten amadas. Tenemos, sin exagerar, cientos de testimonios de ello, y a diario.

Cuando uno aborda a alguien desde el corazón y desde la necesidad, y le deja saber que uno no es importante y que lo importante es la persona, es cuando uno empieza a impactar vidas y, a través de esas vidas, se impactan los ministerios. Es un círculo, y eso es maravilloso.

El Señor nos ha regalado dar varias vueltas por el

parque y, en nuestras visitas a otras congregaciones, ya sea representando a Editorial Vida o sea conviviendo en Casa Roca, Casa de Misericordia, ELIM o Comunidad Cristiana, Él nos ha permitido crear momentos con relaciones duraderas, en las cuales hemos sido de impacto para sus vidas y, también, nosotros hemos sido impactados. La Palabra de Dios nunca vuelve vacía.

Recuerdo actividades con siervos de Dios como Edwin Santiago, David Greco y René González, cuando hacíamos un evento llamado *Rompiendo límites*, que eran unas conferencias de liderazgo y adoración. Empezó en el corazón del pastor Edwin Santiago, de la iglesia Tabernáculo de Amor, en West Palm Beach. Luego, trascendió a Enlace, un canal de televisión cristiana. De allí, lo llevaron a las naciones. Visitamos Bélgica, Alemania, Suecia, Nicaragua, Honduras y República Dominicana, ministrando todo este tiempo con muchos y queridos siervos. El Señor nos ha permitido, también, unirnos al ministerio Adoración 24-7, con el pastor Steve Cordón y con Daniel Calvetti, Ingrid Rosario, Jacobo Ramos, Danilo Montero, Rey Matos y Frank López. Con ellos, hemos estado visitando otros países, entendiendo que lo que Dios te da por gracia, tú tienes que darlo por gracia a los demás. Esto no es un negocio, es un ministerio.

Juntamente con Patricia, fundamos un ministerio que se llama Nuestra Fortaleza (*www.nuestrafortaleza.org*) y está dedicado a equipar al liderazgo, impactando y potenciando vidas. A través de nuestro ministerio, reunimos líderes y líderes en potencia, para ayudarlos a descubrir sus fortalezas y para entrenarlos a fluir desde ese don que el Señor les dio, para que aprendan a usarlos, usar esos talentos que les hacen latir el corazón y que puedan impactar otras vidas.

Cuando uno se toma el tiempo y hace las cosas en orden, llegará el momento en que sean otros los que siembren, sin estar tú allí presente. Debes tener muy claro que no se trata de ti y que, a veces, Dios no te mueve, pero sigue potenciando el Reino de una manera increíble.

Cuando has usado tu talento para bendecir a otros e impactar vidas en la manera correcta, es irrelevante si estás o no. Te recuerdo lo dicho por el expresidente estadounidense Harry Truman: "Puedes lograr lo que quieras en la vida siempre que no te importe quién se lleve el crédito". ¿Qué es lo que te importa? ¿Llevarte el crédito? ¿Ser relevante tú o que tu llamado sea relevante?

El hecho de que lo cumpla otro es el dique de contención que, a veces, necesitamos para cuando estamos muy interesados en figurar, en tener un lugar, una participación con nombre y apellido, y ese farol no siempre es bueno. En ocasiones, hay que dejar de lado la luz sobre nosotros para que quien esté en el centro de atención sea alguien diferente a mí. Tal vez, otro es el que tiene el talento en esa oportunidad. Nada de "si no lo hago yo, me ofendo". Como el niño dueño de la pelota que se la lleva y no deja jugar a nadie más.

No se trata de eso. Se trata de que en el Reino hay que trabajar de una manera diferente. ¿Cómo lo haces? ¿Qué hace un buen líder? Un buen líder debe tomar acciones prácticas como saber convivir, fomentar la unidad, formar equipos, motivar a la gente, levantar sus brazos, ayudarlos a crecer en el lugar que Dios les tiene asignado para dar su mayor potencial. No llevar a la gente a su lugar de fracaso, sino a su lugar de brillo y realización.

Hay líderes que tienen a su equipo solo de "intermediarios", cuando, en realidad, cada uno en el equipo debe usar su talento al máximo para cumplir el llamado de Dios. Hacer que cada uno en el equipo brille fortalece la unidad del equipo.

> "Yo tengo que ser un facilitador de los
> demás para que les vaya bien".

En todo esto, el líder debe tener responsabilidad. Cuando descubrimos que la gente en nuestro grupo está perdiendo esa frescura en el trabajo, debemos preguntarnos: "¿Por qué?". Trabajar con personas requiere que tengamos la sensibilidad de ver qué es lo que está pasando. Hoy, estás leyendo este libro, pero tal vez, muy adentro de tu corazón y en tu mente, tienes un problema personal. Tu líder lo debe saber, es más, lo debería haber intuido, y debe ser sensible a eso. Tiene que ver cómo resolver esa necesidad que tienes.

> "Jesús, primero, resolvía la necesidad de la
> gente y, después, los ponía a trabajar".

Porque todos tenemos una necesidad, una carga, un problema y hasta un sueño, y no puede ser que perdamos la calidez de un excelente lugar de trabajo porque no nos sentimos considerados por nuestro líder.

Cuando no hay alegría para trabajar en equipo y la unidad del grupo se pierde, es responsabilidad del líder llamar a todos y preguntar: "¿Qué está pasando, hermanos? ¿En qué momento o dónde me equivoqué?". No señalar a la gente, sino empezar por nosotros mismos y hacer un buen diagnóstico, uno que sea seguro. Hay una expresión que dice: "Nunca te quejes de lo que tú permites".

Si las personas perdieron la alegría de trabajar contigo, es responsabilidad tuya, no de ellas. No puede ser que todos los demás estén equivocados. Algo está pasando. Ellos están viendo algo en ti, acciones, omisiones, reacciones o, simplemente, actitudes que no les han gustado. A veces, muchos de estos síntomas vienen de repente y la gente puede confundirse o sentir que su futuro no está garantizado en Dios, sino en una persona, en un estilo de liderazgo o peor, aún, en una manipulación. Hay que ser muy sincero y elaborar un diagnóstico que empiece por la verdad, y nunca permitir que la posición de autoridad cause divisiones en el equipo.

Y es que no puedes olvidar que los títulos definen funciones, no poder. El ser el presidente de una organización como Bíblica es tener tareas y funciones a cumplir, las cuales son específicas de esta posición. Tendré que hacer decisiones estratégicas, formar equipos, pero no me da más autoridad: el título me da más responsabilidad. La función es la que me lleva a tomar esa responsabilidad. Es tonto decir: "Ustedes me hacen caso porque soy el presidente". En ese momento, sigo siendo presidente, pero dejaría de ser líder. Esto en cuanto a la jerarquía.

También, hay gente a la que le encanta tener un equipo de personas y solo les encargan las tareas difíciles. Pues mis queridos, de las tareas difíciles nos tenemos que encargar los que estamos en el liderazgo, para luego, tomar las decisiones difíciles. Los que tenemos que dar las malas noticias somos nosotros.

Luego, tenemos el caso de que, a veces, hay gente que declara: "Ese pastor es fantástico, pero el equipo no permite que la gente llegue a él". ¿El equipo así lo dispuso o son órdenes recibidas del líder? Conociendo la respuesta, se puede corregir esta deficiencia. El líder deberá pedir perdón por la equivocación y demostrar con hechos que esa situación cambiará.

Te lo repito una vez más para que lo recuerdes: la unidad se logra cuando se puede llegar a que cada uno cumpla el llamado de Dios en su equipo.

John C. Maxwell pregunta, vez tras vez, donde lo leas o escuches, algo que te pone a pensar: ¿El estar trabajando en este equipo me hace crecer o decrecer? Pon atención: si te disminuye, estás en el equipo equivocado. En otras palabras, si el trabajar conmigo no te hace feliz, estás con la persona equivocada; si el trabajar conmigo hace que tus intereses tengan que meterse en un cuarto, quinto o sexto lugar, vete, porque estás con el sujeto equivocado.

Uno tendría que estar en un equipo de trabajo unido, donde el líder garantice que su sueño se va poder cumplir y no va interferir con el mío. Que juntando los dos sueños saldrá uno mejor y más grande. Eso, la iglesia cristiana de hoy lo considera una utopía, pero resulta que las empresas del mundo lo adoptan y lo llaman alianza estratégica.

Esta alianza está basada en compromisos de unidad para alcanzar mejores resultados. Es un compromiso en el cual cada uno pone lo mejor de sí. Por ejemplo, tú tienes una empresa proveedora de contenido y tu vecino tiene una distribuidora de contenido; se unen y llegan a más gente con mejores contenidos. Parecieran competitivos, pero no lo son. ¿Y qué va a requerir el distribuidor de contenidos? Ellos te van a decir: "Si estás conmigo, debes ser leal". La unidad requiere lealtad; es imposible crear unidad sin lealtad. Y si yo no tengo lealtad empezando en mi propio equipo de trabajo, ellos no tendrán confianza en el proyecto, pensando que haré lo mismo que hago con ellos con otros en cuanto mejor me convenga. Y ni qué decir de aquel con quien hice alianza.

El líder tiene que ayudar a sus colaboradores a encontrar y conectar la vida con sus propósitos y a hacer que ese propósito sea lo central, que con ese propósito Dios nunca se equivoca. Si te da un talento, te lo da porque sabe que lo puedes desarrollar. Cuando se dice que se puede ayudar a que la gente cumpla con su propósito, se habla del propósito que Dios tiene para esa persona.

El propósito de esa persona no es para uso exclusivo o

excluyente del líder. Es para bendecir a otros, empezando por la propia familia.

"La evidencia es que puedes usar ese talento con tu familia, en tu trabajo y en la Iglesia".

Lo que me lleva a un punto importantísimo. Hay gente que vive para trabajar y se pasan la vida en eso. Se les va la vida trabajando y, cuanto más trabajan, más necesitan trabajar. Y, en el proceso, cometen error tras error que no ven sino hasta que son inmensos, y todo solo por trabajar y trabajar. Cuando la persona entiende que está para otra cosa, 8 horas de trabajo le van a ser suficientes para poder fluir en ese propósito. Pero todo eso lo tenemos que promover nosotros como líderes: debemos ayudar a la persona a organizarse, a progresar, a saber que pueden lograr el cien por ciento por hacer las cosas bien.

Finalmente, quiero tocar este último aspecto, y es que los hijos de Dios siempre tenemos que ir para adelante, nunca para atrás. Proverbios 4:18 tiene sabiduría cuando dice que la senda de los justos es como la luz de la aurora, que aumenta hasta que el día llega a su perfección (paráfrasis mía). Si los justos, que somos nosotros los hijos de Dios, no vivimos como en un amanecer que va en aumento, estamos haciendo las cosas mal. La Iglesia tiene que ir de bien a mejor, no de mal a peor.

Apocalipsis 22:11 señala: "Deja que el malo siga haciendo el mal y que el vil siga envileciéndose; deja que el justo siga practicando la justicia y que el santo siga santificándose" (NBD). Es decir, habrá un momento en que los caminos del bien y del mal se separarán y va a llegar un tiempo donde la maldad será exageradamente mala y la bondad exageradamente buena, y es por eso que vamos a estar cada vez más confrontados. ¿Por qué? Porque la Biblia no dice que mientras el mal crece, el bien disminuye, al contrario, la Iglesia (el bien) no está llamada a disminuir, está llamada a avanzar, a crecer más que lo que avanza el mal. Nosotros tenemos que mostrar un modelo diferente y cada vez mejor. Allí, es donde, creo, el ángel de la iglesia dice que, en el final, habrá dos vertientes: una que conduce al mal y otra que conduce al bien; no una tibia a la que el Señor vomitará. Ahí, tenemos que hacer el ajuste nosotros.

"Yo no puedo hacer a mi equipo responsable de la falta de crecimiento".

Tenemos que ayudar a la gente a crecer comprometidamente. No concibo una obra donde solamente les vaya bien a los líderes. Esa obra está destinada a desaparecer o a dividirse.

Ya te lo dije antes: una ley de la vida es que la gente crece. Si yo en mi casa no hago fácil el crecimiento de mis hijos, ellos van a querer irse de casa. Eso es un modelo que se repite en todas las áreas de la vida. La gente necesita espacio vital para crecer y, si no lo encuentra en ese lugar, lo buscará en otro. Ahora, si yo les doy un modelo que los ayude a crecer y que los potencie, donde yo me goce porque a ellos les va mejor que a mí, ellos querrán quedarse lo que sea necesario antes de independizarse para cumplir sus sueños. Esto es lo que la Biblia llama honra, ver que hiciste un tramo de la senda con ellos, que los ayudaste, les diste la mano, crecieron, crecieron más que tú y están fluyendo en lo suyo. El crecimiento de las personas no significa que ahora compitan con nosotros, pero eso a muchos líderes se les olvida.

Yo mediré el avance en el propósito de Dios para mí, mirando hacia mi pasado y no mirando dónde fue que llegó otro. Jamás debo perder de vista cuál es mi llamado, hacia dónde me dirijo y quién soy en el Señor. Y como líder, comunicarlo a mi equipo, no sea que estén en el equipo equivocado.

"Mientras estén conmigo, lo primero será la
unidad como consecuencia de la lealtad".

A un equipo con propósitos claros y un trabajo honesto,
que cuando el líder se equivoca, porque se va a equivocar, pide
perdón y avanza, no lo para nadie. Tengamos un grupo de trabajo que nos cubra sin encubrir.

Creo que en parte es esto lo que me dijo Orville cuando
me dio el mejor consejo de mi vida: "Que lo que veas
adentro no te haga retroceder en tu camino con el Señor".
No siempre veremos transparencia, lealtad o humildad, pero
eso no tiene que ser un condicionante para dejar de hacer
las cosas bien. Hay que trabajar en equipo con responsabilidad y amor. Los que formamos los equipos, congregaciones
y familias somos seres humanos en vías de santificación. Re-
visemos nuestro caminar, que no estemos siendo piedra de
tropiezo a los que nos siguen: nuestras actitudes hablan más
que nuestras palabras.

Yo estoy feliz hasta aquí, pero aspiro a más porque sé que
Dios quiere promovernos a otro nivel superior. No me de-
sespero, porque quiero que Dios lo haga a su manera y en su
tiempo. Les recuerdo que cuando lo quise hacer a mi manera,
me equivoqué. Cada vez que lo quise hacer apurando las cosas,
caí en la cuenta de que no es a mi manera. Y seguramente,
dañé a alguien por mi prisa, pero ya no quiero ser responsable
de eso por mi impaciencia. Dios no aprueba la manipulación.
Ni dentro de mi familia, ni en mi iglesia, ni en mi grupo de
amigos y, mucho menos, en los grupos de trabajo. Manipular
es trabajar con técnicas cortoplacistas. Cuando uno entiende
que Dios no te da el plan completo sino que te va susurrando
poco a poco, puedes esperar con paciencia el tiempo "justo" y
adecuado para actuar. Te dejas sorprender. ¡Gloria al Señor!

JOYAS PRESTADAS

Todos tenemos personas a las que observamos, quienes comparten sus pensamientos, ejemplos, acciones y omisiones de manera tal que ellas y su proceder se convierten en joyas de valor para nosotros. Esas personas y su manera de actuar son lo que yo llamo "nuestras joyas prestadas", joyas que te inspiran con sus enseñanzas. Los nombres de las personas que tú observas, seguramente, son distintos a los míos, pero sus ejemplos y enseñanzas, probablemente no.

> "Te invito a que revises quién impactó tu vida y por qué. Dales crédito y hónralos".

En la industria musical, los artistas llegan a usar "temas éxitos" de otros artistas, y los plasman con su propio matiz, con su propia voz, con su propio estilo. A eso, normalmente, se le llama "joya prestada". Se llama así por tomar la perla de otro y usarla desde la percepción de uno, y eso es lo que quiero hacer con este capítulo. Dios me ha permitido estar con mucha gente y tomar prestadas algunas de sus vivencias, experiencias, cosas de sus vidas de las que algunas se han vuelto parte de la mía.

Hay muchas personas que debo poner acá, y sería una muy larga lista que seguro dejaría a algunos por fuera, prefiero omitirles sin que esto no signifique mi agradecimiento ante el Señor por sus vidas y sus aportes a la mía. Al fin y al cabo, uno es de la gente que lo rodea y, si bien ellos podrán haber tomado algo mío, de seguro yo he tomado mucho más de ellos. Estos se destacan por su humildad, el no querer brillar, la generosidad, la amistad, su rendición a Dios y la fe. Destaco que son gente que sabe vivir con fe.

Sería impensable ponerlos a todos, pero también, imperdonable no poner a los siguientes:

Coralia A. Reid: Otra mujer en mi vida

En mis primeros pasos en el Evangelio, me dieron la gran responsabilidad de dirigir Editorial Vida. Tenía menos de dos años de convertido al cristianismo y tuve la oportunidad de conocer al hermano Jaime Murrell, un ministro de música, director de alabanza, tremendo hombre de Dios y un querido amigo.

Estuvimos con él en mi primera participación en *Expolit*, en mayo de 1997. Al finalizar el evento, fuimos todos a un restaurante cubano cerca de la iglesia Catedral del Pueblo. Por esas cosas de Dios, como siempre sucede, nos acompañó una hermana del alma de Jaime, panameña como él, que se convertiría en una hermana del alma para Patricia y para mí.

Jaime la miró y le dijo: "Negra (sin ánimo de exagerar), no dejes de orar por la vida de Esteban".

Desde ese día, Coralia ha estado intercediendo y orando por nuestra familia e, incluso, hizo cosas que nadie había hecho por mí. Fue la primera que me dio la oportunidad de predicar. Me dio plataforma cuando nadie lo hubiese hecho.

A partir de ese almuerzo, iniciamos una gran amistad, y Coralia ha sido de mucha inspiración para Patricia. Ver cómo una mujer sola llega a cumplir su propósito nos enseñó y mostró cómo Dios abre puertas que nadie cierra y permite transformar vidas. El testimonio completo de Coralia lo publicamos en su libro *Yo no pienso como Él* y, como dice, es el testimonio de una mujer que descubrió que los pensamientos de Dios son mejores que los nuestros.

Vanessa, una de sus preciosas hijas, además de ser nuestra médica particular, es la esposa de uno de nuestros hijos espirituales, Roberto Ramos, de quien te comenté que se había querido cambiar el apellido. Ellos nos adicionaron otras dos pequeñas nietas y viene otro en camino. Y bien dicho, porque es varón.

A Coralia nunca la vi aflojar, siempre la vi sembrar con fe y aprendí de ella la obediencia en saber poner la semilla donde Dios ordena la siembra.

También, nos permitió a Patricia y a mí ser parte de una obra preciosa que tiene en El Tuma, cerca de Matagalpa (Nicaragua), donde hemos estado de viaje misionero. Vimos cómo el amor de Dios puede transformar vidas, comenzando con los niños y alcanzando a toda la familia. Cambiando el destino de pobreza por un destino de esperanza. Nos enseñó a seguir avanzando, a movernos hacia adelante, a creer en Dios y a creerle a Dios.

El ministerio de capacitación para el liderazgo que organizamos Patricia y yo se llama Nuestra Fortaleza por la palabra que nos fue dada por el Señor a través de Coralia en Zacarías 9:12: "Vuelvan a su fortaleza, cautivos de la esperanza, pues hoy mismo les hago saber que les devolveré el doble".

De allí, tomamos el nombre para nuestro ministerio y esa fue una promesa que acuñamos en el corazón.

Contamos con sus oraciones, su familia y sus 'tirones de orejas' también. Todo está incluido en el cuidado precioso de nuestro Dios.

Edwin Santiago

Edwin Santiago, junto con su esposa, Zelided, fueron de gran bendición para Patricia y para mí. Él es un hombre del que tengo excelentes enseñanzas de fe y una inmensa gratitud. Patricia y yo pudimos hacernos muy amigos de esta hermosa pareja puertorriqueña. Ellos fueron los pastores fundadores de la Iglesia Tabernáculo de Amor Internacional en West Palm Beach, Florida.

Edwin es un hombre de fe, un sembrador, un hombre de equipo. Un hijo de Dios a quien vi dar con generosidad para bendecir y sembrar en el reino. Lo vi fluir con autoridad profética y lo vi levantar a otros ministerios, incluso, en tiempos en los que la gente no quería juntarse con ministros que habían caído. Lo vi dedicarles tiempo, cubrir sin encubrir y apoyarlos en el proceso de la restauración. No se hizo a un lado. El primero en prestarles el púlpito o darles la plataforma necesaria a ministros caídos, luego de su restauración, fue Edwin. Esto ayudó a que ellos volvieran a la senda correcta, porque hubo alguien que les tendió una mano en amor. Con él, también, aprendí cómo dar lugar a otros.

Él formaba parte del Consejo Pastoral en Editorial Vida y, en uno de los retiros pastorales anuales que hacíamos para pedir la dirección del Señor, él tuvo una palabra profética donde me dijo: "Tienes que extender las estacas y ampliar la carpa; el Señor está poniendo un fluir distinto dentro de tu corazón". Y así sucedió. No solamente anticipó eso, sino que, después, me permitió ser parte de un equipo de grandes predicadores y visitar naciones llevando la Palabra de Dios. Fue el primero en permitirme enseñar la Palabra, ministrar liberación y avivar el don profético.

En mis primeras intervenciones, seguramente yo daba pena y lástima juntas, porque era un cristiano nuevo, pero siempre recibí de él palabras de afirmación y confianza cuando me decía la forma y lo bien que Dios me estaba usando. Cada vez, me daba más lugar y me dejaba fluir con libertad.

Edwin llegó a mi vida a través de mi secretaria, Jobita, quien era miembro de su iglesia. Edwin nunca me cerró las puertas. Un amigo, en todo el sentido de la palabra, primeramente siendo parte del Consejo Pastoral y, después, permitiéndome ser parte de *Rompiendo los límites*, un movimiento muy lindo de entrenamiento que durante años se realizó en diferentes países y del que te platiqué anteriormente. Edwin me inspiró a seguir bendiciendo a los amigos, como él lo hizo.

Edwin y "Zeli" son un matrimonio de líderes transparentes,

y digo esto porque no nos ocultaron sus luchas, ni las actuales ni las pasadas. Todos pasamos situaciones difíciles, sobre todo en la crianza de los hijos, o enfermedades, o decepciones. No somos inmunes a esto por ser líderes, por lo que contar con la transparencia y confianza de ellos nos bendijo grandemente.

Cuando salí de Editorial Vida, los llevé en la maleta de mis relaciones, porque las relaciones son de uno, uno las teje y uno las pone a trabajar en favor de la entidad en que está trabajando. Son de uno. Edwin y "Zeli" son ejemplo de eso.

Ricardo Loguzzo

Ricardo es un amigo. En toda la extensión del término. Un amante de Jesús que, desde el primer día que lo conocimos con su familia, impactó la vida de la nuestra. Junto con María Rosa, o "Maryrose", como le decimos, no se detienen por nada. Coincidentemente y sin conocernos todavía, llegamos a Miami el mismo día y el mismo año. Su casa es un refugio y su amor, sanidad para muchos. Son simples, sencillos, luchadores, anfitriones, hospedadores, consoladores y más. Gente de fe. Siempre me alentó a "meter el pie en el acelerador", a seguir adelante. Me apoyó desde su posición en la Asociación Luis Palau (donde laboró hasta que sufrió un derrame cerebral), y desde su función de pastor en las Asambleas Misioneras Elim en Miami, donde acompañó por muchos años al pastor Rubén López.

Es un hombre de oración, centrado y con discernimiento. En confianza, yo lo llamo "El Padrino", por su sangre italiana y por la manera en que se hizo cargo siempre de toda su familia extendida, "un clan". En mayo de 2013, al tiempo que finalizaba *Expolit* y a punto de viajar para organizar el *Festival de Luis Palau* en España, literalmente "con las valijas en la puerta de su casa", sufrió un derrame masivo en la parte derecha de su cerebro. Luego de muchas luchas para que alguien aceptara operarlo y hacer algo en vez de dejarlo morir, finalmente lo operaron exitosamente, aunque con pronóstico fatalista. Pasó por mucho, cuando digo mucho, es mucho. A la fecha, lleva peleándola tres años, al lado de su familia, "Maryrose", sus hijos y nietos; día a día, un día a la vez. Ya comenzó a movilizar las partes que la "ciencia" decía "nunca habrá de mover". Piensa, ora, habla, se expresa. Nos cuida. No puedo dejar de honrarlo, no solo a él, sino también a María Rosa y a toda la familia. Son un ejemplo vivo de que el verdadero amor sana. El verdadero cuidado en amor ayuda a sanar. Sin ellos, la familia, la historia hubiese sido distinta. Sin el amor y la dedicación con que cuidan de Ricardo, no hubiese llegado lo "sobrenatural" y la confianza de una sanidad completa.

Gracias por la inspiración, el amor y la dedicación. Los amamos.

Juan Romero

Juan es un hombre que ama servir al Señor con su ministerio. Nació en México. Se convirtió al Señor siendo un niño de solo 7 años gracias a una misionera que llegó a su pueblo. En su largo trajinar, ha pertenecido a las Asambleas de Dios y, en los años 70, y durante más de 10 años, fue el conductor en su versión en español del programa cristiano en televisión con la mayor audiencia: más de 80 millones de personas lo escuchaban semanalmente a través de *El Club PTL*. Ha ayudado a miles de miles.

Es un hombre de Dios con un testimonio impresionante. Juan me enseñó cómo ser un siervo alegre a pesar de tener circunstancias que pueden entristecer la vida. Es un comunicador de primera línea que, todavía hoy, con sus 86 años, sigue haciendo radio diariamente y viajando. Cuando todo el mundo dice que está retirado, está más activo que nunca.

Ha sido ejemplo de una vida pastoral consagrada al servicio del Señor.

Como poeta, es de lo más prolífico, con centenares de composiciones para Dios. Con una tremenda alegría, es el autor de canciones como "Visión pastoral" (conocida como "Las cien ovejas") y de un poema que es de gran magnitud y que lo he tomado como joya prestada. Se llama "No puedo ganarle a Dios" y dice:

"Una cosa yo he aprendido
de mi vida al caminar:
No puedo ganarle a Dios
cuando se trata de dar.

Por más que pueda yo darle,
siempre Él me gana a mí.
Porque me regresa mucho,
mucho más de lo que di.

Se puede dar sin amor,
no se puede amar sin dar.
Si yo doy, no es porque tengo,
más bien, tengo porque doy.

Y es que cuando Dios me pide,
es que Él me quiere dar.
Y cuando mi Dios me da,
es que me quiere pedir.

Si tú quieres haz la prueba
y comienza a darle hoy.
Y verás que en poco tiempo,
tú también podrás decir:

Una cosa yo he aprendido
de mi vida al caminar:
¡No puedo ganarle a Dios,
cuando se trata de dar!".*

NUNCA SERÁ SUFICIENTE

Una cosa siempre lleva a la otra, y es inevitable no volver a retomar el punto del que habla mi buen amigo Juan Romero y que tú y yo conversamos líneas atrás. No puedo evitar reflexionar sobre lo siguiente: nunca le podremos ganar a Dios cuando se trata de dar y, en algunos momentos, nos dolerá desprendernos de lo que creemos es nuestro. Pero primero, nunca ha sido nuestro y, si lo fuera, es para bendecir a otros; segundo, Dios siempre te dará más si cuidas de sus hijos, tus hermanos.

Con su gran sabiduría, la madre Teresa tenía claro que el detergente de la generosidad es lo que permite limpiar tu vasija de dar. Ella decía: "Dar hasta que duela y, cuando duela, dar todavía más".

Estás en problemas si no das, pero estás en mayores problemas si das y no te duele. Ahora, cuando das y das y das y no te duele, solo estás haciendo lo que se debe. Afortunadamente, a Patricia y a mí ya no nos duele dar y lo ilustraremos brevemente con estos ejemplos de muchísimos casos en los que hemos tenido la fortuna de ser de bendición. Lo increíble del amor de Dios es ver cómo Dios no se queda con nada de nadie y devuelve más de lo que das.

Casaquinta

Cuando vivíamos en Argentina, teníamos una casaquinta en la ciudad de General Las Heras y como María Fernanda (hermana menor de Patricia) no viajó con nosotros a Miami, solía quedarse allí los fines de semana mientras estudiaba en

---

* Poema "No puedo ganarle a Dios" de Juan Romero. Usado con permiso.

Capital el resto de la semana. En 1998, estando ya en Miami, entendimos que tener esa casa en Argentina nos ataba materialmente a otro lugar. Ya en el año 1999, "Fer" y Carlos, su novio, se casaron y pensaron comprar la casa. Alguna vez, nos preguntaron si estaríamos en disposición de venderla. Nosotros en verdad queríamos apoyarlos y les dijimos: "Claro, quizás en un precio más razonable de lo que vale". Después de una visita que nos hicieron en el año 2001 y estando ellos en la espera de su primera hija, hablamos más sobre ese tema. Queríamos resolver lo de no tener un pie en un lado y en otro. Pensamos en cuál sería la voluntad de Dios y resolvimos regalarles la casa. Y valió la pena. Está hermosa y la cuidan con mucho esmero y esfuerzo. Recuerdo que ese mismo año, en menos de seis meses, pudimos refinanciar nuestra casa en Miami, y lo que ahorramos por concepto de la deuda total y la reducción de intereses duplicó el valor de lo que les habíamos regalado a los chicos. El Señor nos devolvió el doble de lo que nos habíamos despojado.

¡Cinco mil dólares de libertad!

Han sido muchas las oportunidades en las que el Señor nos ha permitido bendecir la vida de otros entendiendo y viviendo la generosidad. Entre muchas otras, recuerdo una en la que habíamos comprado un auto en cuotas y decidimos pasarlo a otra persona y que ella siguiera pagando las cuotas que faltaban hasta completar el valor del mismo. De esas cuotas, quedaban por pagarnos un valor equivalente a 5000 dólares, suma que aparecía en mis balances como una cuenta por cobrar. Me preocupaba bastante cada vez que comprobaba que no había recibido nada de ese dinero. Y siguió así hasta el día en que Patricia me "invitó" a olvidarme de lo que me debían y yo le dijera: "Lo voy a borrar de los libros". Aquel fue el día en que recuperé la libertad y nunca más volví a pensar en eso.

Los 5000 dólares me tenían atado a un pasado y ya, a estas alturas, sabrás que Dios no tardó en mostrarme su generosidad. Días después, el Señor me los restituyó de múltiples maneras, hasta el punto en que me dije: "En verdad, una deuda puede ser una atadura con el pasado y Dios quiere darnos libertad y una vida nueva". El tema es no perder el gozo por estas cosas.

"Cuando soy libre de las ataduras del pasado,
vivo con gratitud y sin amargura".

Deudas pequeñas

En varias ocasiones, suplimos la necesidad económica de alguien y, luego, el Señor nos bendijo en sobremanera. Recuerdo una vez que a una amiga de Patricia se le quemó su casa. Ella, al igual que nosotros, tiene 5 hijos, y compartió el jardín de infantes, la primaria, la secundaria y los estudios para ser docente con Patricia, y muchísimas cosas más. Le pregunté a Patricia: "¿Qué te gustaría hacer?". "Pato", inmediatamente, dijo: "Me gustaría ayudarla; no tiene ni ropa para los chicos. Ayudémosla en lo que podamos".

Yo justo había regresado de un lugar donde me habían dado una ofrenda generosa y le respondí: "Esta ofrenda es para ella", y se la enviamos. Este testimonio impactó increíblemente a estos amigos, quienes nos querían devolver el dinero, a lo que exclamamos: "No, Dios es quien se los dio. Cuando alguien esté en necesidad, ayúdenlos como ustedes fueron ayudados". Y ellos vieron que Dios había provisto.

En fin, podría darles cientos de ejemplos, pero solo quiero que se queden con esto: cuando eres generoso y das, Dios restituye. Nada más cierto como lo escribió Juan Romero en su poema.

Saber recibir es tan
importante como dar

Ah, pero las cosas no quedan ahí nomás. No. Cuando hablamos de generosidad al dar, debemos tener en cuenta la disposición de recibir. Si no, estaríamos lidiando con orgullo. Hay personas que se resisten a recibir.

Déjame ilustrarte esto. Cuando nos mudamos del Sur de Miami a la ciudad de Doral, cambiamos casa por *townhouse*, que es una casa que tiene paredes medianeras comunes con sus casas vecinas, y, con ello, perdimos la posibilidad de tener un llamado *club house* con piscina. Un día de verano y después de la invitación de un buen amigo a comer un asado, nos dijo: "No estaré por unos días; si quieren, traigan a 'Juampi' a la 'pile'", como decimos en Argentina.

Al día siguiente, decidimos ir y, mientras manejaba hacia la casa de Sergio, entendimos que más importante que tener una casa con piscina es tener buenos amigos que tengan una casa con piscina y que la compartan. Comenzamos a agradecer por eso, seriamente, en vez de quejarnos de no tener piscina en casa.

Un segundo sombrero

Han sido muchos los ministerios con los que nos hemos involucrado y que han sido alcanzados por nuestro ministerio. La importancia y la carga de unos es igual a la de otros, claro está. Hay unos locales y otros que llevan cargas pesadas sobre sus hombros, como la de realizar una obra muy fuerte, de relevancia mundial y extraordinaria.

Ellos, gracias a Dios, nos han visto sin recelo, porque han caído en cuenta de que no representamos un peligro. Sencillamente, no tenemos ministerios competitivos, sino complementarios, y vieron que no estamos mirando con envidia, sino con el mejor interés, el interés del reino. En todo momento, han confiado en nosotros y comparten sus vivencias "a calzón quitado", con el rostro descubierto. Abren su corazón y piden charlar cinco minutos sobre asuntos que podrían llevar días de trabajo.

Tristemente, hay pastores que, a pesar de estar rodeados permanentemente de muchas personas, están muy solos. Por lo cual creo importantísimo promover foros de amistad y de confraternidad pastoral. Ese tiempo a solas para poder hablar de las circunstancias de cada uno, de la familia, de si los chicos van bien en la escuela, de lo que sufre cada quien, es necesario y la única manera de lograrlo es dándonos una oportunidad, un espacio, para conocernos. Esto se puede alcanzar solamente disponiéndonos y haciendo espacio en la agenda. Eso, además, es una muestra de interés por los demás.

El Señor nos ha permitido conectarnos con ellos y ser de testimonio. Nos hemos relacionado con honestidad, integridad y sin agenda propia. Estas son las tres cosas más importantes para que alguien logre tener confianza para abrirse. Lo que más contamina una relación es la ausencia de estas características. La gente observa que andas con tu agenda propia e, inmediatamente, se pone a la defensiva. Y es comprensible. Esto es sencillo, pero pocos lo viven: nuestra agenda debe ser como la de Jesús, que es hacer la voluntad del Señor. Allí, donde Dios nos ponga, es donde seremos de bendición.

Cuando salimos de Asambleas Misioneras Elim, aceptando la invitación del pastor Darío para ir a Casa Roca, el pastor Rubén nos dio el privilegio de despedirnos de la congregación a Patricia, a mí y a toda nuestra familia.

Justo ese día, por 'Diosidencia' para nosotros, estaba el profeta Jorge Veach, quien había sido miembro fundador y alguien muy importante en la obra de Elim Fellowship y del Instituto Elim de Lima, Nueva York (no Perú), y cuando él oró por nosotros, nos habló: "Esteban, el Señor les está cambiando de sombrero. Les está poniendo un sombrero nuevo, pero después de este, vendrá otro más grande".

No entendimos, y Patricia y yo nos miramos preguntándonos a qué se referiría. Solo lo entendimos después de entrar a Bíblica. El haber estado en Casa Roca por un tiempo determinado fue temporal mientras el Señor nos preparaba para ese nuevo sombrero.

A veces, Dios nos lleva a lugares que nosotros no sospechamos serán temporales, porque él está preparando algo nuevo, así como, sin querer comparar, el desierto es un lugar temporal. El pueblo de Dios casi lo convierte en algo permanente por la rudeza de sus corazones. Dios los tuvo dando vueltas y vueltas. Los puso a atravesar sitios, llevándolos en círculo y sacándolos de un lado a otro, mientras preparaba las condiciones para el sitio final. Muchas veces, nos pasa eso en el ministerio: caminamos, pero no vamos a ninguna parte.

En ese momento, fue cuando entendí la importancia de las palabras que nos había dado Jorge Veach. Él nos había dicho que a ese sombrero nuevo le vendría otro más nuevo, un sombrero mayor que sería para servir desde otra plataforma. Además, el sombrero te cubre de las quemaduras, te protege de la exposición, te da cobertura, te hace ver que arriba de esa cabeza hay alguien más. Es maravilloso.

Dios está por encima de todo. Esto lo tienen bien claro los varones judíos que usan la kipá, ese "sombrerito" que se ponen para recordar que Dios siempre está por encima de ellos. Aun para los judíos no practicantes, es de uso obligatorio cuando entran en lugares sagrados. Hoy día, su uso se ha extendido entre los no ortodoxos, e incluyendo a las mujeres.

De modo que así lo entendí espiritualmente y lo confirmo claramente hoy día cuando encuentro a Sociedad Bíblica Internacional en todo el mundo, y donde uno de sus programas pilares es *Equipando al liderazgo,* tal y como fue la visión que recibimos Patricia y yo al fundar Nuestra Fortaleza. ¿Por qué? Porque entendemos que mucha gente está en el liderazgo por un verdadero llamado, pero no ha tenido ni el tiempo ni la preparación y tenemos que ayudarla a ser exitosa. Para eso trabajamos.

El éxito no es una coincidencia, tampoco es una circunstancia, es una posición que uno alcanza después de mucho trabajo y preparación, mucha transpiración y algo de inspiración. El éxito te alcanza cuando estás preparándote, cuando estás en movimiento. Ahora bien, no creas que se va a tratar de un sitio en donde vas a permanecer. No es una estación a donde uno llega para quedarse. Siempre estaremos en permanentes mudanzas.

El tren del éxito, o como me gusta llamarlo, de alcanzar la meta, llega y se va. Arranca para otra estación.

Debemos cuidarnos mucho de no confundir éxito con destino. El destino es el propósito, no el éxito. Uno puede llegar a ese propósito exitosamente o puede llegar rasguñado, maltratado y hasta herido. No hay que confundir nunca eso.

Podría preguntarme: "¿Qué viene?". Pero quiero dejarme sorprender. Luego de convertirme y, con el pasar del tiempo, cada vez más personas se me han acercado y, durante más de 15 años, me han pedido que escriba mis vivencias. Ellos creen que tengo mucho para enseñar. Escribo permanentemente en revistas, *blogs,* columnas y he puesto siempre los pensamientos acerca de lo que Dios ha ido haciendo con nosotros. Cómo él ha usado nuestras vidas, cómo él nos ha dado para que nosotros demos a otros. Pero hoy, siento que ese momento ha llegado y decidí dejar plasmado en este libro una vivencia y una enseñanza. Cuando este escrito llegue a tus manos, aún sin conocerme personalmente, podrás conocerme a través de lo que escribí y, probablemente, serás confrontado con ideas nuevas, tal vez con una idea mejor o una manera diferente de ver las cosas. Oro para que este libro te haga mejorar en tu propio camino.

Sigo dejándome usar por Dios y espero que Dios use el talento que me dio, del cual no me siento orgulloso, mas sí consciente de por qué sé que lo tengo. Un talento es algo que Dios te da. La humildad no es negar los talentos que uno tiene, la humildad es usar bien los talentos aquí en la Tierra, usarlos con todo el mundo, con aquellos que te pueden dar algo a cambio o con los que no pueden dar nada a cambio.

Nunca se puede olvidar que el talento es un regalo y nuestra obligación es dar a toda la gente una oportunidad de ser mejor. Como Dios me dio la oportunidad a mí, también te la da a ti.

No fue casualidad que Dios primero me pusiera al misionero Richard Reinbold, después, al misionero Orville Swindoll, luego, que llegara a Editorial Vida y, ahora, a la Sociedad Bíblica Internacional. Él me ha puesto ministros cubriéndome. ¿Por qué lo habrá hecho? Hay dos razones: una, porque quería que a mí me fuera bien, y la otra, porque quería que yo ayudara a otros a que les fuera bien. Sencillo.

En mi egoísmo, pagué un precio muy caro cuando quise quedarme con la gloria de Dios. Empecé a tener todas las contrariedades que involucra llevar a cabo la tarea de Dios y el peso del fracaso. No precisamente porque servirle a Él o sus tareas sean un problema, sino porque nosotros queremos tener las riendas para buscar los logros y el reconocimiento. En cambio, cuando tú le dices al Señor que Él es el dueño de todo, que lo tuyo en verdad no es tuyo, las circunstancias cambian, porque ese es el orden natural.

No hay coincidencias cuando ves cómo Dios va formando a la gente y empiezas a entender esa relación con el Señor. Uno dice: "Bueno, cómo no voy a esperar algo". Sería falso decir: "No, yo no espero nada de esto".

Pues yo sí espero que este libro transforme muchas vidas y que ayude a mucha gente a pensar y repensar. Si estás en la mitad del camino y sientes que tienes que reenfocarte, espero que este libro te ayude a jugar la otra mitad de tu vida, como definió el autor y empresario Bob Buford a este "entretiempo", intermedio, medio tiempo, como quieras llamarlo: el segundo tiempo tuyo en la Tierra. En otras palabras, el tiempo que te queda por delante, úsalo para tomar aire y repensar qué has hecho hasta el momento y cómo eso te puede ayudar a servir a Dios. El servicio al Señor no tiene por qué ser una carga en el sentido estricto de la expresión, ni liviana ni pesada, ¡es que no podemos servir a Dios con cara triste!

Si tuviera que contarte en pocos puntos lo que Dios hizo y hace en nuestras vidas, lo definiría así:

☐ Nos enseña a perdonar.

☐ Nos enseña a soltar.

☐ Nos enseña a sacar el libro de deudas pendientes a nuestro favor.

☐ Nos enseña a renunciar.

☐ Nos enseña a ser compasivos.

Porque Dios no es deudor de nadie, ni es mentiroso. Él es justo y verdadero. Cumple con su Palabra siempre.

MENTORES DEL CORAZÓN

Hablando de mentores del corazón, no quiero ser ingrato con nadie, ya que hay muchísimas personas que me han formado y modelado. Pero así como no puedo mencionar a todos, tampoco sería posible dejar de mencionar principalmente a dos personas muy importantes por considerarlas como tales.

Todos debemos tener un mentor. Tengo dos mentores, mentores del corazón, que me formaron y me dieron ADN espiritual: Orville Swindoll y Juan José Churruarín. También, otros que Dios puso en mi camino: consiervos, autoridades como Darío, Luciano y todos los pastores del Consejo Pastoral de Vida, igual que otros pastores colegas que han sido mentores en mi vida sin que necesariamente me hayan dado el ADN espiritual.

He aprendido que entre más subo, más debo bajar y yo trato de dejarme guiar, de ser abierto. Aquí, es necesario entender, siempre, dos aspectos. Primero, que la responsabilidad final es mía y no del mentor: yo no puedo responsabilizar a mi mentor de decisiones tomadas por mí, malas o buenas. Y, segundo, no puedo considerar que mi mentor me está enseñando bien si no me da la libertad suficiente para implementar los cambios o para no hacerlo.

El otro día, estaba leyendo el pasaje cuando Jetro fue a visitar a su yerno, Moisés. Al terminar de leer el capítulo de Éxodo 18, el Señor me puntualizó lo que dice esa palabra: que Moisés hizo tal como le había dicho su mentor, implementó los cambios y, después, despidió en paz a Jetro. Esto me enseñó que guiar es una responsabilidad compartida: hay momentos en que debemos dejar ir al mentor y hay momentos en que el mentor nos debe dejar ir a nosotros. Tiene que haber una relación de libertad. ¡Orville nos enseñó esto como nadie!

Hay líderes que generan yugos y, a veces, yugos pesados. Eso no es ser un mentor. Un buen mentor tiene que monitorear a la gente, pero darles libertad. Esto lo aprendí de Orville, darles a las personas la libertad para fluir donde quieran fluir, y entender que son buenas no solamente porque están conmigo. Él fue nuestro mentor, luego, nos dejó salir y, lo más importante, nos dio valor "fuera" de él.

Te preguntarás: "¿Por qué los líderes pueden convertirse en

yugos pesados?". Bueno, porque, a veces, nos exigen cosas a nosotros los discípulos, y "exigir" en el término más estricto de la palabra. Entonces, la instrucción pasa a ser otra cosa. Si yo te hago sentir el peso de lo que quiero transmitir, si me enojo o hago caprichos porque no se implementan los cambios que yo creo debes implementar, eso no sirve.

Hay personas que se quedan agarradas permanentemente a la aprobación de su mentor y piensan que si no tienen al mentor no van a poder hacer nada. Hay momentos en que uno debe hacer las cosas y dejar ir al mentor; caminar con el mentor significa que en algún momento pueden tomar caminos separados.

Ahí, es donde ponemos en práctica el libre albedrío. Si Dios es capaz de darnos libertad, cuánto más un mentor tiene que darnos la posibilidad de ejercer nuestro libre albedrío.

Me parece muy importante recalcar que, para caminar con el mentor, se requiere ese toque de libertad y de audacia que significa, algunas veces, entrar y otras, salir, y poder hacer todas las preguntas. Además, el carácter tuyo no tiene que ser modificado, solo moldeado. Es fundamental que tu mentor no te quite la esencia de lo que eres.

"No eres un clon de tu mentor".

Orville Swindoll

Orville es un hombre de Dios, un ministro con 66 años en el Evangelio. Tanto él como su esposa, Erma Jean, sintieron carga por obedecer al Espíritu Santo dejando la comodidad de su congregación en EE. UU. para ser misioneros en Latinoamérica; primeramente, en México, luego, en Argentina.

Su hermano, Charles R. Swindoll, es un reconocido autor que ha vendido millones de libros, y es fundador del ministerio Insight for Living, que ha impactado miles de vidas en forma significativa. Al igual que estos dos hermanos, su hermana, Lucy, también se ha destacado como conferencista y autora de varios libros.

Como te decía, Orville y Erma salieron de su natal Texas rumbo a México, a misionar y aprender español. Aquello fue en 1955. También, estuvieron un tiempo pastoreando en California, pero después, el Señor los llamó a ir a Argentina, específicamente a las provincias de Chaco, Santa Fe y Buenos Aires.

En el año 1970, conjuntamente con los pastores Juan Carlos Ortiz, Keith Bentson, Jorge Himitian e Iván Baker, pensaron y soñaron con el ministerio de la renovación carismática en Argentina. De allí, nació la iglesia llamada Comunidad Cristiana, con filiales en Argentina, Ecuador, Chile, Brasil, Bolivia, Uruguay, Paraguay, Colombia y Estados Unidos.

Actualmente, nosotros estamos pastoreando, junto con Orville y otros tres colegas, la Comunidad Cristiana de Estados Unidos, ubicados en la Florida, donde, por el momento, tenemos dos centros de reunión, uno en Miami y otro en Broward. No somos una congregación grande. ¡Pero vaya que hemos aprendido con Orville!

Orville es una joya que se sienta y goza escuchándonos. Él no es una persona egoísta: él comparte el púlpito, no es alguien "come-púlpito", todo lo contrario. Figúrate que cuando tiene una invitación a predicar, le encanta que uno de los suyos sea quien lleve la Palabra. Y eso no es ahora porque esté "más cansado", ha sido así siempre. Él prepara plataformas para otros y disfruta sentándose a escucharlos, y se lo ve y percibe como genuino, auténtico.

"Un buen líder prepara plataformas para otros".

Me pregunto: "¿Cómo puedo yo estar predicando un mensaje a Orville?". Este hombre, que tiene tantos años en el

Evangelio, tantos libros leídos y otros tantos escritos, se ha dado el tiempo de hacerse chico para que otros crezcan. Ciertamente, es un gran hombre de Dios.

¿Sabes que aprendí de Orville también? Aprendí a esperar y a pensar bien, a no pensar con desconfianza. Aprendí de él a no pensar mal de nadie y a que el primer pensamiento hacia otros debe ser el de tratar de entenderlos. Es un hombre que ha sido probado, que ha pasado por caminos altos y ha tomado decisiones sabias e importantes. Ha superado las pruebas de su vida con integridad, pudiendo presentarse a Dios sin tener que pedir perdón, ¡aunque es un grande que sabe pedir perdón!

Asimismo, quiero destacar de Orville su simpleza. A veces, uno confunde simpleza y sencillez como si se trataran de un par de defectos, pero la simpleza es, sin lugar a dudas, una gran virtud.

Que Dios haya puesto al pastor Orville en mi camino no puede llamarse casualidad. Es un privilegio poder llamarlo mi pastor y mi padre espiritual. Él fue quien me llevó al Señor y con quien hice mis primeros pasos en el pastoreo y discipulado.

"La simpleza es una gran virtud".

Juan José Churruarín

Otro mentor que quiero resaltar es a Juan José Churruarín. Juan José es un "verdadero" apóstol "sin placa" (sin tarjeta de presentación). Mira que conozco muchos apóstoles y, a diferencia de algunos, puedo decir que él ha sembrado ministerios y ha hecho la obra desde la función y no desde el gobierno; entonces, no necesita el título y eso hace una diferencia muy grande.

Hoy en día, se está manoseando el ministerio apostólico, pero, afortunadamente, no es el caso de Juan José. Él nos ha enseñado cosas preciosas y yo he tomado por ejemplo de él la joya prestada del discernimiento de la voz de Dios. Él es lo que secularmente llamarían "un vidente", la diferencia es que este es un "vidente" con propósito. Ahora bien, anecdóticamente, en el Antiguo Testamento, a los profetas, también, se les decía "videntes" porque anticipaban cosas.

Recién comenzábamos a conocer a Juan José cuando nos profetizó sobre la vida de Juan Patricio. Como te relaté líneas atrás, en octubre de 1998, sufrimos la pérdida de un bebé y, en ese tiempo, yo había invitado a Juan José a *Expolit* como autor de Editorial Vida por su libro *La vida indestructible*. En mayo de 1999, él vino a nuestra congregación, vio a Patricia, puso sus manos sobre ella y le dijo: "El Señor está obrando en tu vientre". Patricia pensó: "Si supiera que acabamos de perder un niño". Lo que ni Patricia ni yo sabíamos era que el Señor nos daría un niño muy pronto, porque en marzo del año 2000, nació Juan Patricio. O sea, que cuando nos dio la profecía, ya Dios estaba restaurando el vientre de Patricia, limpiándolo para hacer algo nuevo.

En un viaje, Juan José me mandó un mensaje que todavía conservo entre mis pertenencias. En él, me dijo: "Esteban, prepárate. Dios te ha dado autoridad, tienes discernimiento, el Señor te va a perfeccionar en este fluir profético. Debes aprender y empezar a escuchar al Espíritu Santo. Ve y ponte en manos de tu pastor Orville. No salgas a correr sin rumbo. Rinde ese don a la Iglesia para edificarla y para bendecir a otros".

Comprenderás cómo me marcó ese mensaje. Puedo decir, sin duda, que fue como si el mar Rojo se abriera. Ya nada fue igual. Fue un antes y un después en mi vida. Me señaló alertándome sobre los caminos y el cuidado de mi transcurrir en la obra para llevarme a hacer lo que debía.

Juan José y su preciosa esposa, Mabel, nunca dejaron de orar por nosotros. Para destacar lo recién mencionado, te comento que, hace unos días, estaba en un hotel en Bogotá, Colombia, con Pedro Lancheros, y el pastor Churruarín me escribió, diciéndome: "Esteban, desde hace unos días, tengo la idea de que estás dando muchas explicaciones a mucha gente, pero destaco que estabas convencido y tranquilo". Estas palabras proféticas no significan mucho para quien escucha de afuera y desconoce el mundo sobrenatural, pero para alguien que discierne y busca de Dios, para aquel que está en el día a día y sabe el sentido de las cosas, esas palabras toman un sentido diferente. Le compartí esto mismo a mi esposa y me dijo: "Mira, yo, también, lo había percibido en el Espíritu". Juan José, sin saberlo, estaba anticipando reuniones estratégicas del ministerio global de Bíblica. Así pasó, ni más, ni menos.

¿Sabes? También, él siempre le da lugar a Mabel y, en múltiples ocasiones, los he visto ministrar juntos con una alegría desbordante. Actualmente, viven en Goya, Corrientes, en Argentina, y recibimos cada mes su carta pastoral, que nos alimenta tanto a mi esposa como a mí, y a muchos siervos alrededor del mundo. En el desarrollo de su ministerio Nueva Unción, Juan José recorrió todo el orbe, predicando y cantando. Es un gran intérprete de decenas de canciones cristianas y, como autor, ha escrito más de 15 libros traducidos al húngaro, croata y ruso, inclusive.

Asimismo, destaco de Juan José y Mabel la joya prestada de la humildad, porque a pesar de que han llevado el Evangelio a miles de personas y de que tienen un conocimiento de la Palabra impresionante, el amor por los demás es lo que más se destaca en ellos. Su humildad, realmente, asombra. Pero, además, viven el valor del contentamiento de una manera contagiosa. Curiosamente, son cosas que también destaco en Orville y Erma Jean.

Al terminar de editar este libro, Juan José partió con el Señor luego de una intensa y sufrida enfermedad pulmonar.

El pastor Aníbal Ibarra, quien lo fue a visitar la semana antes de fallecer, manifestó: "Lo debilitó en lo físico mientras lo fortalecía en lo espiritual". Juan José ahora está en la galería de los grandes, en la lista de los Generales de Dios que pronto se escribirá.

Creo que Dios se alegra de esas cosas y creo, asimismo, que las usa para llenar más el vaso, es decir, para levantar a las personas, porque es a través de hombres de Dios de esta talla que se conoce el corazón de la gente.

Es reconfortante tener al lado a personas como Orville, Juan José y los demás que ya mencioné, que te traen una palabra adecuada en el momento oportuno. Siempre será en el momento preciso.

Por eso, quería decirles a todos que un poco de mí, un poco de nuestro ministerio, de nuestra inspiración, nacen de la visión, de la fortaleza, del ímpetu, de la pasión, del amor, de la capacidad, de hombres y mujeres de Dios que se plantan en la brecha para darnos su apoyo y cobertura.

Un gordo con poder se despide

Todo libro debe llegar a una conclusión y esta, a su vez, a una recapitulación. La vida es así también. Vamos cerrando etapas, recapitulando y recordando algunas cosas solamente para tomar impulso y continuar a la próxima etapa. Esto debe llevarnos a hacer las cosas con excelencia y a cuidarnos de no desviarnos del "propósito", como nos alertan los GPS cuando repiten: "Recalculando".

Te he contado parte de la historia de mi Nuevo Testamento, revisamos juntos algo del Antiguo Testamento y, probablemente, muchas de las cosas que me pasaron se entrelazaron con cosas que te pasaron a ti, o puede que las encontrarás en un futuro y recordarás que hubo alguien que por ahí se te anticipó en la vivencia.

Espero animarte con mi propio testimonio. En eso radica la importancia de los testimonios en el reino. Son importantes porque de oídas podemos hacer muchas cosas. El papel aguanta muchas cosas, pero es, después, cuando te enfrentas al día a día y a la vida misma, que tienes que ver cómo aplicas todas las enseñanzas a tus circunstancias. Allí está su verdadera función y, ciertamente, allí, también, está el verdadero desafío: agradar a Dios.

Aunque todo me es permitido, no todo me conviene. Lo que me recuerda que me faltó contarte algo: soy "gordo", y créeme que lucho con eso. Empecé y terminé todo lo que te imagines. Ese, diría, es el "segundo" pendiente en mi vida. Comer bien, ejercitarme y recuperar salud perdiendo peso. Te prometo que voy a intentarlo, pero el "intento" no basta. No se premia el "intento", se premia el "conseguirlo". Te cuento esto como un ancla a un comentario que escuché acerca de mí hace un tiempo atrás y para reflexionar sobre ese punto. Desde hace muchos años, vengo trabajando en la industria de publicaciones, de medios de comunicación, alentando a ministerios, a hermanos y a muchas personas a vivir sus sueños, y lo hago con muchísima alegría. Disfruto sus logros como míos y no lo hago con más pretensión que la de agradar a Dios. En esas estaba, cuando oí lo siguiente: "Esteban es un gordo con poder"...Comentario mío: ¡créeme que de todas las cosas de las que me han acusado, la mitad de esa sentencia es la que más se acerca a la verdad!

—"No entiendo qué quieres decir", le preguntó mi amigo.

—"Fácil", contestó el otro. "Si le quitan el poder, ¿con qué te quedas? Con un gordo".

Al principio, me ofendí, pero, después, reflexioné y pensé: "Quizás sea una concepción desde el punto de vista de quien cree que yo he alcanzado muchas cosas o he podido ayudar 'porque he tenido poder', 'porque he sido poderoso'". Qué equivocación (no lo de gordo).

Realmente, desde hace mucho, decidí perder poder. Ahora, me falta decidirme a alcanzar otra cosa: perder peso.

He tomado muchas decisiones cuestionables en mi vida, pero la de "perder poder" no es una de ellas. Y conociendo quién realmente soy en mi "ego", y que no me aguantaría perder a la hora de "conquistar" o "dominar", y cuando reviso la historia de mi vida (y este libro me ha ayudado muchísimo) y me doy cuenta de la cantidad de veces que he tomado decisiones para no frustrarme o para no verme "perdedor", es cuando creo que esa es una de las mejores decisiones que he tomado en mi vida. Así es que decidí, con la primera intriga y la primera traición, perder poder.

El poder es algo que uno usa como instrumento, pero no es un activo que se posee. El poder que sirve y que todos debemos tener es el que nos es conferido por otros y ese es el verdadero poder. El poder que se consigue manipulando o el que se arrebata o se roba o se quita o se impone, ese no sirve de nada. Solo sirve para inflar el ego. El poder que se consigue manipulando o el que se arrebata o se roba o se quita o se impone, no viene acompañado de autoridad, solamente de poder. Cada vez que he tenido "poder" para tomar una decisión, ha sido porque hemos orado y porque yo he entendido que Dios está detrás confiriéndome esa autoridad, y siempre la autoridad tiene una cuota de poder.

"El poder que sirve y que todos debemos tener es el que nos es conferido por otros".

En términos de liderazgo, cuando digo que decidí perder poder, quiero decir que lo entregué, lo cedí a otros. Hay un paradigma que siempre explico en mis seminarios: "Nunca aceptes una responsabilidad si no te dan autoridad", y esto es fundamental, porque, de lo contrario, mandamos a la gente al fracaso. Así pues, con todos los equipos de trabajo que he tenido, yo me he sujetado a la autoridad de ellos.

Si bien la autoridad era mía, el poder era mío, y por poder me refiero al poder contratarlos, una vez que los tenía adentro, me sometía. Te doy un ejemplo: yo contrato a un contador y debo someterme a los designios de ese contador. No lo puedo manipular para beneficio propio.

Si como pastor, en un evento le entrego la responsabilidad a un grupo de ujieres o a un líder de un ministerio o a otro hermano, tengo que sujetarme a esa autoridad. Si estamos en el evento y alguno de ellos me dice: "Pastor, esa silla no la puede usar", ya está, no se puede usar. No puedo ser yo mismo quien viola las reglas porque yo fui quien decidí, *motu proprio*, entregar ese poder y, con la entrega, viene la sujeción. No dejaré de ser quien soy, no dejaré de ser el responsable final, pero tengo un instrumento que yo cedí, llámalo poder.

Esta ha sido una constante que he practicado en Bíblica como, también, lo hice en Editorial Vida, y que tuve a bien aprender en mi Nuevo Testamento. Por ejemplo, tenía un presupuesto que manejar como corporación y una estrategia completa a desarrollar de todo lo cual era el responsable principal, pero durante su ejecución, jamás firmé un cheque. Nunca, ni en Editorial Vida, ni ahorita en Bíblica, lo he hecho. Decidí entregar el poder que tenía por ser el presidente de la organización. Yo podría haber firmado los cheques, pero decidí delegar ese poder en otro. Eso trae tranquilidad.

Recomendación: el poder no se lo des a tu esposa o a tus hijos o a tu familia, no, dáselo a alguien que no conozcas. Si se lo das a alguien con quien tú convives o tienes una relación cercana, es lo mismo que si lo hicieras tú, es solo pantalla.

Acostumbro a ceder poder a compañeros de trabajo que no tienen nada que ver conmigo y, cuando lo hago, les digo: "Vamos a hacer este proyecto con este ministerio y nos va costar tanto dinero". De ese modo, ellos tendrán que firmar o no y yo debo estar dispuesto a sujetarme a esa autoridad. Te preguntarás: "¿Por qué?". Para hacerlo partícipe y responsable en todo sentido y que se involucre.

A veces, cedemos la responsabilidad, pero no soltamos la vara. A Moisés, el Señor le dijo: "¿Qué tienes en la mano?" (Éxodo 4:2). Era una vara que se le había constituido como signo de autoridad y estaba en Moisés el usarla bien. El Señor le ordenó: "Déjala caer al suelo" (Éxodo 4:3), y Moisés lo hizo así. Eso significaba soltar la vara. No significa que uno deja de ser el responsable absoluto, significa literalmente, soltar la vara. Eso sí, no debes olvidar que un líder no se puede quejar de lo que permite.

Y mira qué curioso mi descubrimiento al haber tomado la decisión de vivir sin poder: caí en la cuenta de que el poder es como un búmeran. ¡Sí! Si yo lo cedo, después, regresa a mí y, si lo vuelvo a dar, lo vuelvo a recibir de regreso. Cuando lo recibo, lo entrego y, cuando lo vuelvo a recibir, lo vuelvo a entregar.

El Señor no es deudor de nadie y, si Él me usa, Él me paga, y si Él me promete, Él cumple y me provee. Me da oportunidades, plataformas, puertas abiertas o puertas cerradas. La sabiduría está en reconocer cuándo las puertas se abren y no empecinarse en pasar por las que están cerradas.

Te preguntarás: "¿Y por qué esto para cerrar el libro?".

Pues porque así como Juan el Bautista dijo que había que menguar para que Jesús creciera (lee Juan 3:30), con nuestras profesiones y oficios tenemos que hacer lo mismo, con nuestros amigos tenemos que hacer lo mismo, con nuestros hijos debemos hacer lo mismo.

Mientras se va fortaleciendo nuestro interior y adquirimos más seguridad interior, vamos dejando las cosas del exterior, vamos dejando la chequera, la posición... Pero esto tiene que ser una decisión propia, pues si no, te quedas toda la vida peleando por esas cosas.

Cuando dejé Editorial Vida en 2008, me llevé conmigo un montón de relaciones que había ido construyendo en el camino. También, saqué de allí un montón de anhelos. Sin embargo, ese fue el momento de la prueba, ya que, al salir de una posición de poder, es cuando la vida te muestra quién está contigo realmente y el porqué. ¿Eres bueno para los demás por el poder que tú tienes o el que se quedó contigo lo hace porque se nutre de lo que tú eres y no de lo que le puedas dar? Saber eso es importante.

Recuerdo una oportunidad en la que estaba en mi oficina pastoral en la ciudad de Miami, a unos pocos metros de la oficina del pastor Darío. Él estaba de viaje y había consentido prestar su oficina para que otra compañía grabara unos videos cortos de promoción para nuevos productos. El productor me pidió las llaves de la ciudad de Miami que me habían conferido como reconocimiento años atrás, pues la necesitaban para decorar la oficina y que se viera más interesante la escena que filmarían. Yo accedí con la alegría de saber que volvería a ver ciertos colegas. Me dije: "Voy a tener el café listo para poder compartir cuando acaben". Solo debían caminar unos pocos pasos para llegar a saludarme al lugar donde yo estaba.

Terminó la noche, se enfrió el café y me quedé solo. Nadie llegó y, al otro día, lo único que encontré sobre mi escritorio fueron las llaves. Las habían usado y las devolvieron con una nota: "¿Qué cree, pastor? Se nos cayeron al desmontar y se quebraron. ¡Perdón!". Pensé en el significado espiritual detrás de este hecho, la filmación, la rotura de las llaves y entendí. Pensé que algunos quieren usar el poder que uno tuvo y lo hacen pedazos. Hay mucha gente herida en el reino, en el ejército de Dios. Y no quiero ser dramático y llamarlo "traiciones", porque no son "traiciones" ni mucho menos, son "descuidos de nosotros mismos", para ponerlo en otra forma.

Esto me lleva a lo que alguna vez escribió el Dr. Luciano Jaramillo. Él dice que una de las cualidades por las que más tiene que preocuparse un líder es por ser agradecido, porque la ingratitud duele. Nunca podemos justificarnos con solo decir: "Ay, discúlpame que no pude verte porque no tuve tiempo". Mentiras, nadie es tan importante como para que no tenga tiempo de ver a otro cuando quiere agradecer. No existe eso. Esconderse detrás de una agenda es una cosa tremenda, porque es decirle al otro que tiene mayor valor nuestro tiempo que el de él. Y creo que en esto tenemos que cuidarnos unos a otros. No debemos dejar de honrar a otros, no debemos dejar de ser agradecidos con los demás, debemos tomar el tiempo de mostrar gratitud, para ver al equipo de trabajo y darle las gracias, y decirles que no estamos acá por casualidad, que estamos acá, también, por el trabajo de ellos y el de muchos otros, estamos porque Dios quiere. Esa cultura de honrar, de agradecer, es fundamental para que Dios nos siga bendiciendo.

Así como ya te dije que no puede ser que me vaya bien solo a mí, también te digo que no puede ser que cuando uno crezca, se olvide de aquellos que en algún momento fueron escalones para el crecimiento personal. En eso tenemos que guardar cuidado. Debemos proponernos pedirle al Espíritu Santo que nos haga recordar a todos los que nos dieron la mano. Esta es la principal razón de no poder listar en este libro a todos, sino solamente a algunos, porque existe muchísima gente que me dio la mano para crecer, que tuvo confianza en mí, que se arriesgó conmigo, que me dio la oportunidad de creer en ese sueño, empezando por mi propia esposa, por mis hijos, por mi familia, por mis amigos, por todos los autores que de alguna u otra manera entregaron sus "obras primas" para que yo las transformara, publicara o mercadeara. Todos los pastores que me invitaron a servir con ellos, arriesgándose a tener una persona extraña, un no nacido en la casa sirviendo con ellos, a ellos no los puedo olvidar y, aunque no los incluya acá, los recuerdo. Por eso me propuse y me cuidé de no incluir a todos mis mentores de corazón y dejé solamente a dos y, allí, lo confesé porque fueron personas que me inspiraron a continuar. Pero también, hay muchos otros que me invitaron a seguir sus sueños, a compartir con ellos sus historias, a gozar con ellos sus éxitos y a dolerme con ellos en sus fracasos.

Cuidémonos de cómo nos verá la gente cuando la luz se apague, cuando el micrófono se desconecte. ¿Cómo nos verán cuando se lleven la cámara? ¿Se acordarán de nosotros? ¿Van a valorar el tiempo que pasaron con nosotros? ¿Van a valorar el intercambio que tuvimos, las ideas, o solamente dejarán que el café se enfríe y que las llaves se rompan? Hay que tener cuidado con esto.

A veces, nosotros pensamos que nadie nos está viendo, que nadie nos está usando, pero mientras tanto, en ese andar nuestro de subidas y bajadas, Dios está tejiendo la historia de alguien más. Eso es lo que creo. Si estás leyendo esto, es porque Dios no terminó contigo y quiere que te pongas cien por ciento a dar ese talento, ese regalo, esa virtud que puso en ti, que decidió dejarla fluir en ti para que te fuera bien. Pero no solamente para que te fuera bien a ti, sino para que hagas el bien en la vida de otros y bendigas a otros en tu caminar, y tengas la esperanza en que la senda de los justos es como la luz de la aurora, que va en aumento hasta que el día llega a su perfección (lee Proverbios 4:18).

De esta manera, quiero animarte, porque Dios tiene un plan contigo. No es casualidad que estés leyendo este libro. Si estás leyendo este libro, no es para conocer de mí, pero sí, quizás, es para inspirarte en lo que Dios hizo o todavía hace o hará o dejó de hacer con la vida de una persona, que junto con su familia, pudo organizar las maletas, salir del país, dejar situaciones de comodidad, dejar de pelear por bienes materiales y decidir creer en el sueño de Dios, decidir seguir a otros, decidir vaciar el garaje, entregar, dar tiempo... Y todo esto, con todos los defectos de por medio, porque no tratamos, aquí, de mostrar virtudes. Este es un libro de historias, no de virtudes, porque como dice mi querido amigo Luciano: "Dios escribe derecho, aun, con líneas torcidas".

Mis recomendaciones finales para ti son que debes ser genuino. Muéstrate tal y como eres. No tengas miedo. Dios es omnisciente y ya sabe cómo eres en público y en privado, solo y acompañado, en familia y con extraños, en abundancia y en escasez, en sanidad y en dolencias, es decir, Él lo sabe todo. Y si Dios ya lo sabe... ¿qué más te da que otros lo sepan?

Luce sincero. La única forma de lucir sincero es siendo sincero, mostrándote tal cual: con todas tus virtudes, no subiéndolas ni bajándolas; con todos tus defectos, no aumentándolos, pero tampoco disminuyéndolos. Todo con una buena dosis de verdad.

Ese es el análisis que cada uno tiene que hacer, es el alimento que debemos tener y tener, además, la verdad. ¿Cuál es la verdad? La Palabra de Dios. La verdad no es una circunstancia ni una disposición, no. Es una persona, es Jesús. Jesús se refirió a sí mismo como "la verdad" (lee Juan 14:6), entonces, dejémonos guiar por el Señor, seamos genuinos, caminemos con confianza.

Cuando no sepamos qué hacer, entreguémoslo todo delante de Dios, como dice la canción de Carrie Underwood, "Jesus, Take The Wheel". Es decir, digamos: "Señor, toma el mando de mi vida".

Estoy manejando el auto, mientras termino de escuchar la

lectura de este libro, y se me ocurre que lo estoy haciendo en mis fuerzas, pensando que yo estoy programando el GPS, al que escucho permanentemente decir: "Recalculando". Capto entonces que el Espíritu Santo quiere llevarme a un lugar diferente y ¿qué voy a hacer? ¿Voy a dejarme guiar por mi GPS que es el Espíritu Santo? ¿O me dejaré llevar por lo que yo sé hacer con mis fuerzas y con el talento que creo que tengo o que me merezco?

Mejor, debo decir: "Señor, si este coche me lo diste tú, si esta casa me la diste tú, si este ministerio me lo diste tú, si esta puerta abierta me la diste tú, si esta ventana abierta al mundo me la diste tú…por favor, guíala tú. Yo soy nada más que un instrumento, un burrito sin valor, un burrito donde tú, Jesús, te montas y puedes transitar. Tú eres el verdadero protagonista de la película".

Debemos decirle: "Señor, yo quiero ser tus pies, quiero ser tus brazos, quiero ser tu boca, pero siempre quiero que el cerebro seas tú. Quiero que el aire que yo respire seas tú, quiero que la energía que me lleve a vivir seas tú".

¿Cómo no llegar a esta conclusión? "Señor, si todo no es tuyo, solamente seré títere".

¿Y sabes qué? Ahí sí corremos el riesgo grande de perder el poder y quedarnos solamente con la gordura.

Yo espero que este libro te haya sido de bendición y me gustaría conocer de ti, escucharte. Tienes mi palabra y la seguridad de que responderé. Seré yo. Tal vez, no sea muy florido o muy extenso, pero voy a ser el que esté al otro lado diciéndote: "Te entiendo, estoy contigo, vamos a orar y vamos hacia adelante, que lo mejor está por venir".

Es como dice Eclesiastés 7:10: "Es de necios decir que todo tiempo pasado fue mejor" (paráfrasis mía), porque para nosotros, como también dice Proverbios 4:18: "La senda de los justos es como la luz de la aurora que va en aumento hasta que el día llega a su perfección" (también, paráfrasis mía).

Si eres varón, mi correo es *esteban@nuestrafortaleza.org*; si eres mujer, el de mi esposa es *patricia@nuestrafortaleza.org*.

Escríbeme y conversamos. ¡Ah!, y no olvides que también tendremos listo el café para ti. No lo dejes enfriar.

Bendiciones.

Recupere su familia y
fortalezca su futuro

CONOZCA:

- Las 4 cosas que destruyen una familia
- Cómo los padres pueden ganar el respeto de sus hijos
- Los siete hábitos para desarrollar en familia

¡podemos vivir juntos y disfrutar el viaje!

De regreso a casa

RECUPERE SU FAMILIA Y
FORTALEZCA SU FUTURO

SIXTO PORRAS

DIRECTOR DE ENFOQUE A LA FAMILIA PARA EL MUNDO HISPANO

SIXTO PORRAS
DIRECTOR DE ENFOQUE A LA FAMILIA
PARA EL MUNDO HISPANO

🔥 CASA CREACIÓN

UN **PLAN** PARA ESCAPAR DE LAS DEUDAS Y TENER ÉXITO EN **SUS** FINANZAS

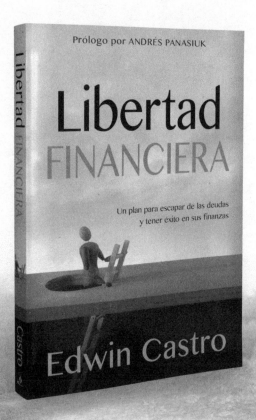

Prólogo por ANDRÉS PANASIUK

Libertad FINANCIERA

Un plan para escapar de las deudas
y tener éxito en sus finanzas

Edwin Castro

El autor Edwin Castro le enseña cómo salir y evitar la esclavitud que causa la presión por las deudas. En este libro encontrará:

- **Fundamentos sobre el manejo de sus finanzas.**
- **Cómo liberarse de la deuda, la pobreza y la escasez.**
- **La clave para encarar el reto financiero y tener esperanzas.**
- **Aprender a hacer un presupuesto.**
- **Desarrollar un plan de pago acelerado.**
- **Practicar la ley de la siembra y la cosecha.**

Dígale "¡NO!" al endeudamiento
y "¡SÍ!" a la *libertad financiera*